営業脳をつくる！

Have a sales brain

和田式「営業マン特別予備校」
5日間トレーニング

Hiromi Wada

5 days Training

和田裕美

PHP

オリエンテーション

この本は5日間のトレーニングです。

5日間おつきあいください。

どんなにいそがしくても5日間、他の本は休憩して5日間一緒にいてください。

人生のたったの5日間、一緒に考えて一緒に参加して一緒に気づいてください。


さて、この本は火曜日からスタートします。

で、お休みは日曜と月曜です。

だから火曜日から土曜日のトレーニングメニューです。


なんで火曜スタートかって？

それは私がブリタニカで営業していたときにいつも火曜日がはじまりだったたってこと。

月末締めでなく、毎週毎週締め切りがあったってこと。

それでも週末の締め切りだと気持ちがだれてさぼるから、締め切りが月曜だったってことと、土日お休みのお客さんにできるだけ対応できるようにお休みを1日ずらしたからです。

営業マンのためと会社のためとお客さんのためにそうしていたのを、そのままのスタイルで取り入れているのです。

営業倦怠期の人へ

「仕事倦怠期にはまったかなぁ……」って思う人へ。

仕事さいきんどう？

「…………」って？

いいんです。

同じことをしばらくの間やっていればそりゃ「飽きてくる」と思います。

私も同じでした。飽きてきたから数字が落ちたのか、数字が落ちたから飽きたのかはわかりませんが。とにかくそういう時期はあるのです。

「マンネリ」してきて「新鮮さ」がなくなってきたときに、さっさと新しい仕事を見つけて再スタートするのもいい手だとは思います。起業してしまうってこともいいと思います。

でも、いま目の前にある問題点を解決しないままスタートなんてできないのです。問題から逃げると問題が追ってきます。こわいけどずーっと、ずーっと追いかけてきます。

でも、営業職に就いていて、最近「これでいいのかなぁ」と思うのはわかるし、そろそろ「マンネリ」しちゃうのもわかるんですよ。痛いほど。

ちょっと質問していいですか？

「いまの仕事で満足いく結果（数字）出ていますか？」

YESの人

この本はすぐに棚に戻して現場に戻ってください。

それでも気になるなら自分の組織や部下のためにレジに向かってください（財布に１３６５円はいってるか確かめてね）。

NOの人

数字が出ていない原因はいっぱいあるけど、辞めたいのならその前に惜しまれながら辞める人材になってください。

数字が出ていないときに辞めると逃げることになりますが、数字が出ているときに辞めると充電かステップアップになるからです。

もう一回がんばってみてください。


原点に戻るとか、方法を変えてみるとか。


原点に戻るためにこの本を活用してみてください。

で、どうなるかっていうと……もっともっとシンプルになれると思います。

それでやっぱり気がつきます。

「あっ、やっぱり営業って単純で簡単だなぁ」ってね。それでいて「営業っていいなぁ」と思えるのです。

営業脳をつくる！
和田式「営業マン特別予備校」5日間トレーニング◉目次

SECOND DAY/WEDNESDAY

2日目の水曜日　売れるために知っておくこと

THIRD DAY/THURSDAY

3日目は木曜日　売るための流れをつくる

FOURTH DAY/FRIDAY

4日目の金曜日　売れた後のフォロー

FIFTH DAY/SATURDAY

最終日の土曜日　明日からの営業活動のために

トレーニングメニュー

Lesson 2 売れ続けているヒミツの頭の中	Lesson 3 お金を稼ぐのが仕事なんだという考えをもつ
Lesson 5 リサーチ	Lesson 6 会社、商品の権威づけ
Lesson 8 セミクロージング	Lesson 9 クロージング
Lesson 11 リテンション（継続）	Lesson 12 リファーラル（紹介をもらう）
Lesson 14 インバウンズ、アウトバウンズ	Lesson 15 アクションプランを作ろう！

この本のカリキュラム

曜日/テーマ	
1日目 **Tuesday** 売れる営業の考え方	Lesson 1 売れるようになるための 基礎トレーニングは考え方から
2日目 **Wednesday** 売れるために知っておくこと	Lesson 4 売れるために必要な3つの能力
3日目 **Thursday** 売るための流れをつくる	Lesson 7 プレゼンテーション
4日目 **Friday** 売れた後のフォロー	Lesson 10 コントラクト、バトンナップ
5日目 **Saturday** 明日からの営業活動のために	Lesson 13 マーケティング

FIRST DAY

TUESDAY

はじめましての火曜日
売れる営業の考え方

Lesson 1 売れるようになるための
基礎トレーニングは考え方から

Lesson 2 売れ続けているヒミツの頭の中

Lesson 3 お金を稼ぐのが仕事なんだと
いう考えをもつ

Lesson 1

売れるようになるための基礎トレーニングは考え方から

▼まずは「既成概念」を捨てましょう

湯のみに飲み残しのお茶がはいっています。

同じ湯のみで熱いお茶を飲みたい場合、その飲み残しのお茶どうしますか？

えっ？　飲む？（いいんだけど……）

「捨てる」って？

はい、模範解答です。ありがとう。

さて、いまやっている仕事、特に営業っていう仕事に対してどんなイメージありますか？

「しんどい」？

それでは最初のトレーニングです。

その既成概念をとってください。

頭をシンプルにしてください。どんなに頭のよい人でも、頭に余裕がなかったり思い込みがあったりするとなんにも吸収できないことがあります。飲み残しのお茶がはいったままの湯のみでは一番熱くて美味しいお茶は飲めないのです。

▼既成概念をはずすとはどういうことだろう

例えば、「あなたは人前で話すのが、すごーい苦手だから、人と接する仕事は向かないよ」と、小さい頃に言われたりする。だからずっとそう思っている。

自分は算数とか数学とかが、すごい苦手だったたから、数字がかかわる仕事なんて絶対に無理だと決めてしまっている。だからずっと放棄してきてしまった。

「自分には赤が似合うけど、黒は似合わない」とか、

「髪が短いのは似合わない」とか、

「自分は負けず嫌いだけど、飽きっぽいところがあるから、（仕事が）なかなか続かないんだ」

とか、

そんなふうに自分で決めつけてしまっていること。

あれが向いてる、これが向いてるとかっていう、そういういろんな意味での思い込み……

それって全部既成概念です。自分で自分につけたフレーム。

そんな自分に対するフレームをまずはずさないことには成功はしないのです。そのフレームこそがあなたのブレーキになるからです。

「そんなこと言ったってさぁ……」

と思った？

それが既成概念です。

言いかえれば「こだわり」です。

いまからすごい営業マンになるのだからすべてに対して真っ白になってください。

何度も言います。

古いソフトは入れ替えてくださいってことです。

万年筆に水を通すと、（水は）インク色に変わるでしょ？　それがパイプ（のようなもの）

なの。

そこを通るといくら新鮮なものを取り入れようと思っても、「こだわり」という色にそまってしまうんです。

▼仕事に対するもうひとつの既成概念

それから仕事を選ぶときに、「こんな風に思われたらかっこいいんじゃないか」とか、「人からどう思われるのか」とか、この仕事なら人からモテるとか、好かれるとか、「マーケッター」とか「プランナー」という肩書きにあこがれるとか、そういうのもさっさとポイしてください。

ごみ箱に捨てられないならファイル作って、一時的にでもいいからしまってくれるだけでいいです。

そして、

「営業はすごくクリエイティブで人間力が必要な仕事である」

「自分はすごく営業に向いている」

「売るのは楽しい」

「毎日いろんな人に出会えるのがうれしい」

とインストールしてください。わくわくしてください。

これが最初のトレーニングです。

新入社員になれってことです
自分がマンネリ感でいっぱいでも、お客さんにとってはその商品に出会うのははじめてのことが多いのです。お客さんは、あなたがその商品にはじめて出会った感動に共感したいのです。
昨日キャンセルしたお客さんと今日出会うお客さんが違うように、毎回毎回はじめて出会うお客さんのためにいつも新鮮でいなきゃいけないのが営業マンのあり方です。

▼頑固にならないことが成功のカギ

営業を数年やっているともなれば、自分のやり方っていうのができてしまって当然です。

それは正しい。

けれどもっと違う方法もある。頑固にならないことがトレーニング成功のカギです。

いいじゃん、そんなのこだわっても得することないから。いまの自分のやり方はあとで融合させればいいのでいったん（これまでのやり方を）脇におく、もしくは棚上げする。

▼営業脳をつくる

「営業脳」は勉強をして知識をいっぱいつけるということではありません。

営業脳というのは「創意工夫」のできる脳です。

だからインテリになっちゃいけないのです。

勉強して知識いっぱいいつめこんでそれだけの人は、「こういうのはこんな事例があるから難しいよね」っていってしまう場合が多いのです。

営業脳は……知識を単なる事例として片づけない脳です。

「この場合は無理かもしれないけど、こうすればうまくいくかも」と発想の転換ができる脳です。

お客さんは迷っていて不安です。

一緒に「無理だろう」と考えてしまうようではだめなんです。

プラスで考えて可能性を見出せる脳が営業に必要な脳なのです。

Point of Lesson 1

売れるようになるための基礎トレーニングは考え方から

- 仕事に対する既成概念を捨てて、頭を真っ白にしてシンプルにする
- 新人に戻った気持ちになり、営業をはじめてやろうとしている人のようにわくわくする
- なんでも「無理」と思ってしまう頭はインテリ頭にすぎない
- 営業脳は発想の転換ができる脳。どんな困難な状況からでも可能性を探し出せる脳

↓
↓
↓

It's good to know.
Let's try next lesson !

Lesson 2 売れ続けているヒミツの頭の中

▼事実はひとつ、考え方はふたつ～逆境をチャンスととらえるのが成功者の考え方

営業の世界に飛び込んだら、最初に釘をさされました。

「和田くん、君も本当は成功者になりたいんだろう？　みんな自分の思い通りに生きたいって思っているのになんだかその通りに生きてる人って、そうでない人よりも圧倒的に少ないだろう？　成功している人とそうでない人との違い……これって才能じゃないんだよ、考え方だけなんだよ。だから考え方を学びなさい」

「考え方……それだけですか？」

「うん、それだけ」

「いっぱい勉強したり、いっぱい働いたりしなくてもってことですか?」

「うーん、苦しみながらやることは何ひとつないんだよ」

「すいません。どういうことでしょうか?」

まだ、ピンと来ていない私にボスが話してくれた話が紀伊国屋さんのお話でした。

もちろん、きっとこういう話には慣れている人がこれ(紀伊国屋さんの話)を読んだら、「よく言われていることだよな。わかってるよ。こういう考え方なんて他にもいっぱい書いてあるよ」と思うかもしれません。

でも、でも、いまのあなたにもしあなたが思うような満足のいく結果が出ていないのなら、それは「知っているけど、やってないこと」であって、「わかっているけど、できないこと」だったりするのです。やっていないことは「知ってること」にはなりません。

「知っているつもり」だらけになって頭ばっかり大きくなりたくないのならお願いです。

私がボスから聞いた話を初心に戻って聞いてください。

原点はやはり考え方にあると再認識してください。

▼やっぱり成功者は同じだったという再確認のためのお話

紀伊国屋文左衛門（memo参照）さんって知っていますか？

このおじさんが和歌山のみかん問屋で今回の主役です。言い伝えによるとこのおじさんは、年末になるとお正月に江戸のみんなが食べるみかんを、船で海をわたって毎年同じ時期に運んでいたんですって。

でもね、ある年にすごーく大きい嵐がきて、それはもう、すごい嵐で海は大荒れになってしまったんだそうです。そんな荒海の航海、その当時の小さい船での航海、はっきり言ってね、死ぬかもしれないのです。

だからみんな当然思った。和歌山中のみかん問屋さんは完璧にあきらめた。

「ああ、こんな荒れた海では船が沈没しちゃう」ってね。

これは本当に当たり前。

でも紀伊国屋さんは、「チャンスだ」と言ったのです。当時はチャンスという外来語がなかったかもしれないから「好都合だ！」とかなんとか言ったのかもしれないけど。彼はこう考えました。

「普通ならダメだと思うような状況の時はそれこそが独占のよき機会ではないか。他（のひと）が行かないんだったら、ワシが行く！」

【memo】

紀伊国屋文左衛門（1665〜1734）

元禄時代の豪商。紀州に生まれた。風波のため航路が絶え、紀州みかんが地元で下落し、江戸において騰貴したのを見て、決死の覚悟でみかんを江戸に運送し巨利を博した。〈沖の暗いのに白帆が見える。あれは紀州のみかん船〉の俗謡によって世人に深い印象を与えた。

『世界大百科事典』（平凡社）より

それは当然みんな唖然とした訳ですよ。

でも、そういう時ってなぜか熱くなるっていうか、「やったるでぇ〜」というチームワークも生まれるから、従業員たちもみんな「やってみよう！」って気になっていくのですよ。

でね、みんな船に乗り込むときに白装束を着て気合を入れて……。

そして江戸にみかんを運んだのです。荒れた海を乗り越えてね、江戸についた頃はもう海も穏やかになっていて快晴だったそうです。

当たり前ですが、その年に江戸に入荷されたみかんは紀伊国屋のおじさんのところのだけなもんで、そのみかんが10倍の値段で売れちゃったらしいです。それから紀伊国屋がはじまったのですって。

これは歌にもなったくらい有名なお話らしいけど、私ははじめて聞く話だったから感動したのです。単純にすっと自分にしみこんだのです。

だって、すごいことですよ。事実はひとつなのに考え方がふたつあるから。

事実は嵐ってこと。これは変えられない事実で、みんなに平等に降りかかった紛れもない真実。

でもここで考え方がふたつある。

「荒海は危険だからやめとこう」と「荒海だからチャンスだ」というふたつ。

で、世の中いつも、その後者が成功しているっていうことです。

▼そこで「ありきたりだな」と思う人が読む続き

成功者の考え方はいつもそうです。

エスキモーに氷を売るって本もあった。読んでうれしかった。

はだしのアフリカ人に靴を売るとか、そういう逆境っていうのは必ずあって……だから感動もあるんですよね。でもそこでモチベーションがぶわーっと上がるわけ。ああ、そうかそうか、って。

単純にいいこと考えてればいいんだなって。

これが営業にも必要ってことだったんです。

成績出すのも結果残すのも全部考え方に左右されるからです。

これによく似た話いっぱいあるでしょう？　これによく似た話聞いたことあるでしょう？

いま、どう思いましたか？

やはりまだ「ありきたりな話だな……」って？　そう思いましたか？

実はこれが、これこそが一番重要です。

私も最初はね、こんなありきたりな話を書くのはやめようと思ったんです。

だって本にするにしては「新しくない」し「斬新じゃないかな」って思ったんです。非常に内容がよく、勉強になる「成功哲学系」の本にはすでに書いてあるしね。

でも、やはりここだけは避けられなかったのです。

だってすごく大切な基本なのだから。


だからまだ、「ありきたりだな……」って思っているあなたがもう一回、こんな「ありきたりな話」に真剣に耳を傾けて最初に聞いたときのように感動して、どきどきして、前向きになることが必要なんです。


もう一度言います。

知っていても知らないことがたくさんあるから何度も繰り返さないといけないのです。


事実はひとつです。

考え方はふたつです。

数字の出ないときにいつだって「初心に戻るチャンスがきたな」って思える人じゃないと、やっぱり営業に限らずなんだってうまくいかなくなるのです。

失恋しても、誰かが死んでも、こうやって考えて早く乗り越えるほうが生きてるってことなんです。

で、結果も出ます。

さてこの考え方は自分が応用してみたら、はじめて「わかった」と言えるようになります。

▼考え方ですべてが変わったブリタニカ時代のコンテスト

わたし……?

単純がとりえの私はたくさんのことをこの方法で乗り越えてなんとか楽しく生きてこれてます。

私がブリタニカに入社して3ヶ月目のことです。コンテストがありました。

それはインセンティブの中でもとても豪華なもので、シカゴ本社が主催する「シカゴトリップ」という名前がついていたコンテストです。

まだ何がなんだかわからない私は、ただちょっとその時期に、3ヶ月目になってようやく結果が出てきた頃だったのです。

2ヶ月間の成績が日本で上位（1000人中6位）にくればイタリアに行けることになっていました。30位くらいに和田裕美の名前がありました。

誰かが冗談で言ったんです。

「6位にはいったら新人ではすごいことだよ」って。

で、他の人全員が無理だろうなと思うところで、私は人生ではじめてと言ってもいいくらい無ぼうな挑戦をするのです。最後の1週間を残し「同じ無理でもできるだけ最後までやってみよう。やらないではずすよりやってはずしたほうがなんだか成長できるかも」と考えました。達成したいとがんばってたとえ達成しなくても本当のところ失う物なんてないのですから。

で、ラスト1週間にアポイントがいっぱいあった訳です。

締め切りは月曜の朝。

ところが、やっととったアポが全部流れる（キャンセルになる）のです。アポイントをとって、待っていると流れるの繰り返しです。たった3ヶ月だけどそんなこといままでにない。

そんななかでとうとう最後の週の金曜になってしまったのです。それで金曜日に頑張って土曜日にアポイント3つとれた！

もううれしくてこれでいけるかも……と思って翌日会社に来てアポイントを待ってました。

その3つのアポイントがまたもや全部流れたのです。それでまたアポイントを3つとって日曜日に準備したのです。それでも、やっぱり日曜日になるとまた同じように全部流れるのです。

「あっ今日は無理になったんです」ってね。

で、明日の朝が締め切りという日曜日の夜にさすがにめげてどっぷり落ち込んでしまったんです。ここまでやってみたからやるだけやったんだからもうあきらめよう。そんな風に思いながら泣いて帰ったのです。

日曜日と月曜日がお休みだったので、もう翌日の月曜日はお休みにしようと思いました。

それで、そのときに、

「本当にやるだけやったかナ、これで最後までやったっていってもいいのかなぁ……。本当に最後までやったことのない私があと一歩進むことをここでしないと、一生しないかもしれない。あと一歩だけ、一歩だけ前に進もう!!　ああ、これが教えてもらったことかな？　これがチャンスというものかもしれないな」

と泣きながら思ったのです。一番悔しいときやつらいときに前に進めばいいことあるのかもしれない……。

で、結果どうなったか？

最後の数分までやってみてからすっぱりとあきらめようと思い、月曜日の朝会社に行ったんですね。そしたらなぜか締め切りは火曜日の朝に延びてました。で、流れが私に向いてきたんです。

不思議なことに、以前スクール（英会話）の説明をしてお返事待ちのまますっかりそのままになっていたお客さんから、

「やっぱりやることにしたので今日契約にいってもいいですか？」

とお申し込みのお電話がありました。当日とれたアポイントがすんなり契約になりました。日曜日にやけくそでとったアポイントの人が、頼んでもいないのにお友達と一緒に申し込んでくれたのです。

それであっという間に4本の契約が1日でとれたのです。

で、生まれてはじめて乗るビジネスクラス、イタリア有名ホテルのスイート、専属のカメラ

マン、特別に組まれた生バンドの演奏など、たくさんの感動をもらうことができたのです。

考え方ですべてが変わるのであります。

そしてそれは意外に多いのです。

▼さらにおそいかかる逆境もあった!! ピンチはまだまだやってきた

代理店立ち上げで独立したときです。営業マンの募集のために求人広告が打てなかったのです。これは大変でした。

というのも、代理店は東京に四社あって、それが順番に週替わりに広告を出すんだけど、五社目の私にはその順番が回ってこないのです。

営業マンの募集ができないってことは、営業組織にとっては「死ね！」って言われてるのと同じなのです。

でもこれが、私がその後、代理店でも、稼げる代理店になっていくきっかけになったのです。順番が回ってこないから出す広告もない。だったら出せる広告を探そうって思いました。

そんなんありっこないってみんなに言われたけど、ある日ポストにはいっていた無料配布の小冊子を見ていて（いまではよくあるフリーペーパーだけどそのときはあんまりなかったから珍しかったのです）これって求人欄があってもいいのに……と思ったのです。

で、早速連絡してみて交渉したら求人欄ができたのです。で、そこに毎週すごく安い値段で広告が出せたんです。まったく新しい求人広告だったからいままでとは違う人が集まってきたんです。無料配布をなんとなく見てなんとなく仕事探している無職組とか、転職しようかなと漠然と考えているけどわざわざ求人誌とか買って職探ししていない人たちが集まってきたのです。

で、そんな「なんとなく……」という人にとって、楽しい歩合営業のお仕事は、「やってみてだめならやめればいいよね」

という気楽さになったのです。

そんな人は「なんとなく」やってきたので、絶対に「こんな仕事じゃないといやだ！」というこだわりが最初からなかったのです。だから素直にまっすぐに取り組めたのです。それで私の組織は急に大きくなったのです。

求人広告を打てないという逆境が最大のプラスだったのです。

こんなことはたくさんあったけど、やっぱり最初に紀伊国屋のおじさんの話を聞いて、そのことが身体の一部になっていることがうれしいです。

Point of Lesson2

売れ続けているヒミツの頭の中

- check! 事実はひとつ、考え方はふたつ。逆境をチャンスととらえる
- check! もうダメだと思ったところからがあと一歩
- check! テクニックやノウハウよりも人間としての考え方が大切

It's so simple.
Let's try next lesson !

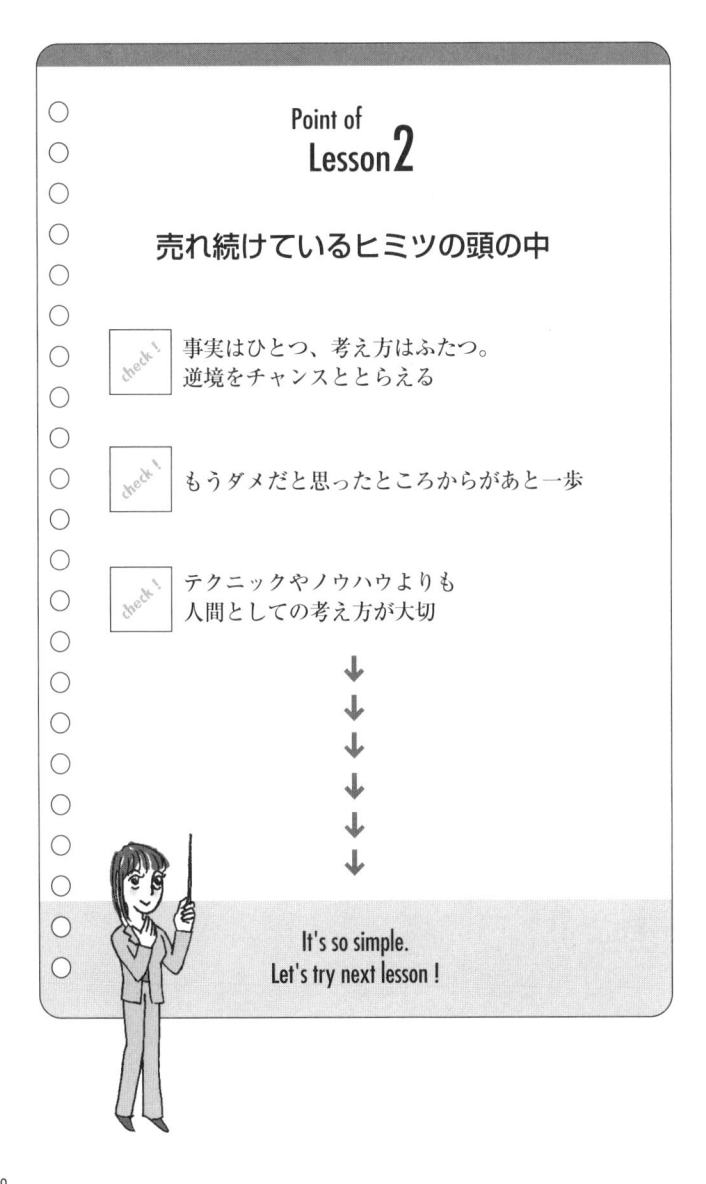

Lesson 3 お金を稼ぐのが仕事なんだという考えをもつ

▼お金をもつことは正しい

営業やるなら「売り上げ」を出すのは当たり前なんです。それでお金儲けするのも当たり前です。

でも売り上げ、売り上げっていうとなんだかさもしい気持ちになったりしてしまいます。売れ売れ、いけいけみたいだし。

そんなときによく勘違いしてしまうのが『「お客様のために」やりたいから無理に買ってもらうなんて……』という思い込みです。無理にしろなんて誰が言った？　無理に売らなきゃ売れない売り方が間違っているのですよ。

これが落とし穴。売り上げを上げないと会社もまずいし、もっといいサービスを提供できなくなるのです。

無料で提供しますか？　それはボランティアなんですよ。

でも会社はボランティアするだけのあなたにお給料払えないのです。あなたが今日使ったトイレットペーパーだって買えなくなっちゃうんです。それに、もっとよい商品やサービスを提供できなくなるなんてお客さんにとってすごい迷惑なんです。

信じてください。売れるとお客さんのためになるのです。本当はね……。

だからお金をたくさん儲けたいとかお金がいっぱい欲しいとか大きい声で堂々と今

叫んじゃってください。

「清貧」ってね、やっぱり仏教やキリスト教からの考え方です。正しいとか間違ってるとかいうことは論点ではないのであえて言及しませんが、お金が汚いとか、あいつは金の亡者だとか、お金お金ってみにくいよねとか、そういうようなお金さまの悪口を言うとお金に嫌われるからやめたほうがいいと思います。少なくとも私がお金だったら、お金は汚いなんて言う人のところに間違っても遊びに行きたくないし、一緒にいたいとは思いません。だから私は「清裕」という言葉のほうがいいと思うのです。

実際に、社会を動かしたり、権力があったり、意見の通る人たちは、みんなお金をもっているのです。

▼お金を稼ぐことは正しい

まずわくわくします。いま思っている心配は減るのです。

老後の貯金とか、ローンとか、少なくとも気が楽になって、他のもっと楽しいことを考える時間が作れます。

それに、お金をもったら、人助けができる。

自分の大切な人が大きな病気になって「アメリカに行ってジョージという有名な先生に手術してもらったら助かる可能性はある」と言われたらそのジョージ先生に手術して欲しいでしょ？　でも「そのジョージ先生は1オペ１０００万ですよ。その病院、入院費1日10万ですよ」って聞いたらどうします？

お金持ちだったらどうですか？

お金がなければあきらめる人もあるかもしれない。借金して、家売って、工面するかもしれない。でも、お金があれば命が救える可能性は大きい。

私が営業はじめた頃、お金があれば人が助けられることもあると思っていました。ないよりはね。

そして稼いだ。自慢できるほどじゃないけど。

お金でも助からない命を目の前にして涙しながらも……お金を稼ぐことは正しいと思ったのです。

▼すばらしいお金持ちになりたい！

私が大学生の頃に、「世界で一番のお金持ちになったらどうなるのだろう」ってそんなこと考えた時がありました。

あほって？

あほみたいだよね。でもそんなあほでよかったんです。

「世界で一番のお金持ちになったら、戦争を止められるのかもしれない！」なんて思っていたりしました。

現実はどうかわからないけど、命も狙われたりするんだろうけど、すごくすごくいろんなことができるようになるんだろうなぁって思ってたんです。

これは生前の母の影響かもしれないけど。

「あってもあっても困らないでしょ？　お金は」

とよく言われました。

なんとなく私はずっとお金はそんなエネルギーだと思ってます。だから、仕事して稼ぐのであれば「お金持ちになりたいなあ～」って思ってください。

約束です。

稼ぐことに罪悪感もっちゃいけないのです。

▼評論家より実務家になろう！

しつこいけどついでに言うとお金をもてば、評論家にならなくてすむと思います。ビジネスクラスに乗ったことのない人に、ビジネスクラスは語れない。くやしいけど経験者でないと語れないのです。どっちがいいか知っていてあえてエコノミーに乗るほうがかっこいい。

つまり、お金持ちになると実務家になれるのです。評論家よりも実務家になれるのです。

でも、この経験は自分で稼いだお金でして欲しい。

自分のお金で乗ったらもっと価値がわかるの。

親とか会社のお金での経験はお金を使う時の葛藤がないのでプレッシャーがない。成長は少ないです。だから自分のお金で経験すると、もっと大事にできるようになるのです。

そういう意味でも自分で稼げるってことは本当によい経験になるんですよね。

私だってまだまだ経験不足でえらそうに言えないですが……これからもっともっと経験積みますね。

▼なにごとも経験しないとわからない

もちろんお金だけではなくこの考え方は人のうわさとかも同じです。自分がまだ話したことのない人のうわさを聞くことってありますよね？

「〇〇さんって結構裏表があって信用すると裏切られるから気をつけたほうがいいわよ」なんて言われて「本当？　じゃ、あまり近づかないほうがいいね」なんて言うのも同じです。

自分がその人と直接話したことないのなら自分で話してみるまでわからないのです。

経験しないとわからない。

こういう考え方が必要です。

Point of Lesson3

お金を稼ぐのが仕事なんだという考えをもつ

- お金を稼ぐことに貪欲になる
- お金を稼ぐことに罪悪感をもたない
- 幸せになるためにお金が必要だとインプットする
- まずは自分で経験すること。経験してから判断すること

↓
↓
↓

It's so easy.
Let's try next lesson !

COLUMN 1

自分が無知であることを知る

『自分がいかに無知であるか知っている人が伸びる』と聞いたことがありますが『自分はばかだからもっと人の話を聞いて勉強しなくっちゃ』と素直に思う人はやはり営業の世界でも、他のどの世界でも成長するのです。

さて、営業が数年にわたってトップクラスだった今井さんは、私より年上の男性やり手営業マンでした。コンテストは総なめで必ず上位3位にははいる優秀な人でした。

ところが彼、2年を過ぎた頃からすっかり成績が落ち込んでしまったのです。

昔の面影もなくなってしまった彼ですが態度だけは相変わらず昔のままでした。彼は営業成績が上がるたびに態度も大きくなってしまい『俺が一番だぁ～』となってしまったのですが、もちろん面白く明るい性格ですからそれが嫌味に見えることがないのと、表面的にはちっとも落ち込んだ様子でもなく、さほど気にしていない様子だったので、しばらく遠目で眺めていました。しかし、彼の名前がトップ10のボードから消えてしまったとき、私は彼にそれとなく言ってみたのです。

「今井さん、ちょっとMEETINGしませんか?」

「えっ？　なんでですか？」

「いやぁ〜、ちょっと最近前ほどの勢いがなくなったなぁと思って」

「まぁ、風邪ひいたみたいなもんですよ。大丈夫です」

「そうよね。今井さんが落ちるはずないし」

「縁起悪いなぁ。風邪は治りますよ。最近の客も感度悪いからむかつくんですよ」

「そう？　最近のお客さんって……ねぇ風邪になった理由ってわかるの？」

「はい、ちょっと休憩です」

「あのね、そういう気分の時って私にもあってね……」

私がいろいろなアドバイスをしたいと思って話しはじめても彼は聞いていない様子です。すっかり話す気持ちもうせて『勝手にしろ！』と思ったのです。

彼は問題をたくさん抱えていました。

トップになったというプライド。挫折を恐れる気持ち。周りの期待に対するプレッシャーなどです。しかし彼が一番抱え込んでいた問題点は『素直になれない』という点でした。

「俺が一番だ！」という意識は『俺は天才だ！』という感情です。

天才はもう学ぶこともないし、上司である私の意見も寝言のようにしか聞けなくなる。

COLUMN 1

一度トップになって自信がついても「素直な心」は失ってはいけないと私自身強く思っています。相手を見下したような心では人のYESをつかめません。だから一番の危険地帯は一番になったときなのです。人はだめなときは素直に簡単に人に「教えてください」と言えます。一番になったとたん「全部自分ひとりの力だ!」というおごりが出てしまうので、そんな簡単なことができなくなるのです。そこで運気は一気に下降線をたどるのです。

だから『人に頭を下げること』が一番の苦手になってしまった彼が立ち直る方法は、唯一、素直になって、

「わかりません、教えてください」

と心から言うことです。

人は「無知」でもいいのです。「自分が無知と知っている」ことが一番いいのです。かといってこればかりは私もいつも反省です。なんでも知っているような気になるときだってあります。そのたびに、

——実るほど頭をたれる稲穂かな——

という言葉を自分が営業で一番だったときにさりげなく教えてくださった上司の顔を思い出して頭が下がる思いがします。

SECOND DAY

WEDNESDAY

2日目の水曜日
売れるために知っておくこと

Lesson 4 売れるために必要な3つの能力

Lesson 5 リサーチ

Lesson 6 会社、商品の権威づけ

Lesson 4 売れるために必要な3つの能力

1 **商品知識**

商品のことをよく知ること

2 **情緒能力**

人間力、笑顔や態度、話し方など

3 **意識能力**

プロとして働き責任感をもつ

基本的に売れるために必要な能力は三本柱です。

最近は営業がどんどん難しくなってきたけど、基本的な線は何百年も（ブリタニカの歴史は２３４年）前から同じなんです。最近の営業に必要になってきたコンサルティング能力だって実はもうずっと前から大切だと少なくとも私の元ボスは言っていました。

だからこの３つの能力を身につけなさいと言われたのだと思います。

▼商品知識　商品には長所も短所もある。お客さんが聞きたいことをよく知ること

顧問先の営業マンの内田さんは活気のあるにぎやかなタイプです。愛想もいいのですぐに打ち解けます。こんな人ならさぞや営業成績がいいのだろうと思うとそうでもないのです。

「内田さんってのりでいっちゃうでしょう？」

「へへへ、そうなんですよ～」

「それで仲良くなってあんまり商品の話をしないとか？」

内田さんはちょっとむっとして言いました。

「えっそんなことないですよ。ちゃんと営業してますって」

「ごめんごめん。で、どんな説明してるの？」

「ええ、まぁ……」

「ねぇ、私お客さんやるからちぃっとやってみてよ」

内田さんはなんとなく照れくさそうに「はい……。わかりました」と言って説明をはじめました。

で、そうやって彼の説明を聞いていくうちにだんだんとわかってきたのです。

ああ、彼は商品のこと勉強していないな……と。

彼はもちろん自分の商品のことはマニュアルに書いてあるようにすっかり暗記していて、とてもうまく話してくれます。

でも、商品のいいところばっかりすすめてくるのでなんだか「どっかに欠陥あるんじゃないの？」と思えてくるのです。いいことばっかりしか言わない。でも人はいいことばかり言われると「本当かなぁ？」と疑うことがあるので、悪いことも知りたいのです。

商品知識というのは長所と短所を理解することなんです。

「色のバリエーションが少ないのが欠点かもしれません。ただ、色よりもデザインに特徴があって、このデザインに一番合う色だけでラインナップをあえてそろえてみたんです」

と欠点を長所に変えることができてはじめて「安心」してもらえるのです。

それからいろいろと勉強してきた内田さんがまた私のところにやってきて聞きました。

「和田さん、あれからよくなったんですが……。もっとよくなる方法ってあるんですか？」

「あるんだよね～。あのね、すごーい簡単なこと、内田さんがこの商品を買う一人のお客さんだったら見てすぐに買う？」

「うーうー、買います」

「うそー！　この間お昼ご飯食べるときに中華か和食かですっごい迷ったでしょう？」

「はい、そうですが……和田さんだっていつも迷ってるじゃないですか！」

「そうだよ。だって、比較して選びたいでしょ？」

「比較して選ぶ？」

「うん、そうだよ。比較する対象の勉強をしておかないと比較させてあげられないでしょ」

「そりゃそうですね。もちっと他社さんの勉強しろってことっすか？」

商品知識は単に自分の商品の勉強をするのでなく、お客さんの視点になって比較対照とか、いいところとか悪いところとかを知ることです。

ね、営業マンだって商品のマーケティングしているのです。売る立場としてやるからこそ本当に一番お客さんの心理を知っているのです。

▼情緒能力　人間力、笑顔や態度、話し方など

　さて、顧問先の原さん。

　商品知識、モチベーションも高いのに売れていません。

　直属の上司に相談されたんです。

「原くんぜんぜんだめだけど、頑張ってるのわかるからね。でもなんか、伝わってこないんですよ」

「ああ、原さんってあの顔の怖い人ですか？」

「和田さん、はっきり言いますね。40歳だったかな？　いままで事務系だったから営業もはじめてだし、どうしたらいいんだろうと思いまして……」

「顔直しましょう」

「げっ何言うんですか？　整形ですか？」

「違いますよ、もう。あの表情と話し方、態度直しますってことで……」

「ああ、びっくりした」

　原さんは情緒能力が欠けているようでした。普段の顔が怒ってるみたいなのです。やたら怖

い。だから相手に伝わる印象が非常に悪いのですよね。

このように情緒が欠けている人は、愛想が悪いし、怒ってないけど怒っているように見える感情表現がへたでポーカーフェイス。冷たい感じもします。本人はいたって普通のつもりなので、一向に直らないのです。

でも接客や営業また社会で生きていくにはやはり情緒がないといけないのです。

基本的な挨拶や笑顔、お礼がちゃんと言えて感情表現できるようになってください。

「原さん、顔怖いですよ」

と私は面と向かって言いました。

「はぁ……」

「もっともっと笑ってもらえませんか？」

「笑うなんて急に言われても……」

「売り上げを上げたいのならやってください、笑顔です。きびきびさです」

「はぁ……」（無理やり笑う）

「もっともっと！」

「はぁはぁ」（厳しい特訓が続く）

と、何度も練習しました。素直にやっていただいたのでお顔はとってもキュートに変身しましたよ（顔の恐い人が笑うと意外にかわいかったりします）。


どんなに勉強しても、どんなにやる気があっても、相手に伝わるものが威圧感のある態度ではやはり受け入れてもらえない。

カードでゲームをするときのポーカーフェイス以外（表情で手持ちのカードが何なのかバレてしまうので）はもっともっとよろこんで、たのしそうに笑顔になってください。少しオーバーでも大丈夫です。

▼意識能力　プロとして働き責任をもつ

最後に別の顧問先のIさん。

元気もあって愛想もいいんです。

この人は誰が見ても「売れそう」な感じのするいいイメージの人です。さらに頭がいいというか要領がすこぶるよくって商品のこともちょこっと聞くだけで理解してくれる。すぐに自分のトークにも落とすことができて非常に点数の高い人でした。

でも、継続してなかなか売れないのです。たまに調子のいいときは売れているのだけど、それ以外はもうぜんぜんだめになってしまう。

彼に欠けているのはプロ意識です。

彼ほどの優秀な方であれば売れるようになっても何の疑問も持たないのですが、彼にはプロ意識がない。ちょっと嫌なことがあると感情を持ち込んでしまうことがあります。自分のテンションで仕事をするので、気分のいいときは調子いいのですが、そうでないときはとことん悪くなってしまうのです。

お調子者の彼は「俺、落ち込んでいるんだよね」と自分を正当化してしまうのです。そんな時は数字を上げるよりも、自分が人からどんな風に見られているかを気にしたりしてしまうのです。

だから周りに言いふらして同情を買おうとしたりもするのです。

あと、お金に対するルーズさも見受けられました。お給料をもらう以上は、自分はプロであるのに、ちょっと今日はさぼってもいいでしょ？　なんて営業中に全く罪悪感もなく漫画喫茶に行ってしまうのです。

彼に聞いてみました。

「ねぇ、どうして数字は継続しないの？」

「うーん、精一杯やってるんですが、勉強足りないかな？」

「本当に最後までがんばっているって言える？　本当に誓って言える？」

彼は、

「うーん、本当に、って言うと、基準がわからないので言えません」

「最後まであきらめないで進んでいくことができたかって聞きたいのです」

「そうではないです」

「じゃぁ、結果が出るはずもないよね？」

「そうですね……」

誰も見ていないところでもがんばれるのがプロです。

ひとりで辛い感情に立ち向かって乗り越えて、誰も見ていなくても真面目に正直に前向きにがんばれるのがプロです。

プロは約束を守ります。期限も守ります。感情をだらだらと持ち込みません。いつでも真剣勝負です。そんな基本を守れるようになってください。

Point of Lesson 4

売れるために必要な3つの能力

商品知識　お客さんが聞きたいことをよく知ること

情緒能力　人間力をつけ、笑顔や態度、話し方などに気をつける

意識能力　プロとしての責任感をもつ

That's so simple !
Let's try next lesson !

Lesson 5 リサーチ

▼お客さんの「聞きたいこと」をリサーチ

ここからが実際の営業活動です。

やっとお客さんにお会いできました。法人営業の場合ならやっと担当者に会えました。もしくは電話でお客さんに商品を説明しようとしているところです。

さてそんなシーンで、よく見かけるのがいきなりパンフレットを広げて、

「当社の商品は○○で○○タイプで性能がいいのです」

と切り出している人。それはちょっと唐突過ぎますね。相手の気持ちはまだまだ「相手の話を聞く態勢」ではないのです。

しかしながら営業マンもたくさん商品の勉強をしてきているので「話したい、伝えたい」という気持ちが先行してしまい、ついつい、いきなりメインディッシュから差し出してしまいがちなのです。これでは耕していない土地にいきなり種を放り投げる感じです。

自分の言いたいことを言うのではなく、お客さんの聞きたいことを言うことが商品の説明です。こう言うと、

「和田さん、僕はお客さんに『聞きたいことありますか？』って最初に聞いたら、『今はわからないです』と言われてしまいました」

と報告してくる早とちりの営業マンもいるので困ります。

だってお客さんもいきなり「聞きたいことありますか？」と聞かれたところでいったい何を聞いたらいいのかわかりません。質問というのはだいぶ内容がわかってからようやく言葉になって出てくるからです。だから最初に「どんなことを聞きたいのか？」をリサーチする必要があるのです。

こちらからの質問で相手のニーズと聞きたいことを組み立てることが大切なのです。

それが耕すことになるのです。

リサーチシートを作成してもかまいません。

もっとわくわく感謝キャンペーン
XX00リサーチ
【お答えいただいた方全員に無料サンプル差上げています】

年　月　日

お名前：＿＿＿＿＿＿＿＿＿＿　＿＿年　＿＿月　＿＿日生　＿＿型

ご住所：＿＿＿＿＿＿＿＿＿＿＿＿　TEL：＿＿＿＿＿＿＿＿

会社名・学校名　＿＿＿＿＿＿＿＿＿＿　TEL：＿＿＿＿＿＿＿＿

E mail　＿＿＿＿＿＿＿＿＿＿＿＿

1. XX（という商品を）お知りになったきっかけを教えてください
   - □ 新聞
   - □ 雑誌　（雑誌名＿＿＿＿＿＿＿＿＿＿＿＿＿＿＿＿）
   - □ ポスター（+場所＿＿＿＿＿＿＿＿＿＿＿＿＿＿＿）
   - □ インターネット
   - □ チラシ
   - □ その他　（＿＿＿＿＿＿＿＿＿＿＿＿＿＿＿＿＿＿）

2. 今回一番気になった点は？
   デザイン　金額　キャンペーン内容　効果　構成　XX　XX　その他

3. XXにはいつ頃から興味がおありでしたか？
   最近　1年以内　3年以上前

4. 以前同じような商品をご覧になるか、お買い上げになったことはございますか？
   ハイ　イイエ

5. （4でYESの場合）どちらで？現在もご使用になっていますか？
   ハイ　イイエ

6. （4でNOの場合）そのときお買い上げにならなかった理由はございますか？
   金額　時期　中身が気に入らなかった　なんとなく　XXX　XXX　その他

7. どのような問題点（気になる点）がおありですか？
   （例お肌のトラブル：化粧品／狭い：リフォーム　など商品によって言い方が変わります）
   化粧品（しみ　くすみ　たるみ　しわ　XXX　XXX　その他）
   リフォーム（老朽化　バリアフリー　故障　狭さ　家族構成の変化　XXX　その他）

8. 将来的に解決したい（改善したい）と思われていますか？

9. お選びになるポイントを教えてください

10. いつまでにそれがあればいいなと思われていますか？
    早いほうがいい　1年以内　2年以内　それ以上

11. 月々のお支払いはいくらくらいお考えですか？
    00000円～00000円 ／ 00000円～00000円／00000円～00000円以上

ご協力ありがとうございました

例えば歯医者とか病院とか行くと、ちょっと書いてくださいって（問診票を）書かされるのもリサーチシートです。

書いてもらってもいいし、自分で質問して記入してもいい。そしてお客さんの情報を見ながら営業マンはニーズを明確にするのです。

明確というのはとても重要なんです。

美容院に行くと当然聞かれます。「どんなかんじがいいですか？」ってね。

「かるいかんじ」と答えたお客さんに美容師さんがそのまま自分の考える「かるさ」をイメージしてカットすると本人が気に入らない。どうしてかというと、人によって「かるく」という表現はふわっとしたイメージもあればすっきりとしたイメージもあるからです。

▼リサーチをまったく有効利用できていない人

リサーチを取ってもまったく有効利用できていない人もいます。

この間新しいマッサージやさんに行きました。

細かいリサーチシートの「どこが凝ってますか？」とか「寝不足ですか？」とかっていろいろな質問にＹＥＳ、ＮＯでチェックをしていきました。書き終わったそのシートをわたすと担当の方はちらっと見ただけですぐにそれを脇に置き、その存在を知らないのではないかと思うほど再度同じことを聞いてきました。

「どうします？　コースは？」って（笑）。きちんとシートを見ながら「あっ、そうなんですか、目も疲れているんですね」とか言いながら、私がどういう症状にあって、肩が痛いのか腰が痛いのか、（それが）どれぐらい痛いのか、どんな風にして欲しいのかというのを聞いてくれればこちらも答えやすいし、「お時間はありますか？」「それならお疲れのようですから全身トリートメントがお勧めですよ。肩だけでなく身体全体が凝っていますから」という言葉も出てきてマッサージの時間が30分のものが1時間にもなる。聞いてくれれば売り上げが倍になったのです。そんな重要なキーワードをお客さんはわざわざ書いているのに、気がつかないとか活用しないのはもうもったいないを超えて失礼だと思うのです。

　要するに、リサーチをとることは、お客さんが今思っている以上のものを販売できたり、問題となっている要素を聞き出せたりするのです。だから何を求めていて、何が欲しいのかっていうことを聞き出すためにリサーチ表は重要なのです。

▼でもただ聞けばいいってもんじゃない

ちゃんとＹＥＳに基づく質問内容を網羅したリサーチをつくるべきなんです。以下にちょっとわかりやすく例をあげておきますね。

(1) 何を見てこの商品を知りましたか？
(2) 今までこのような商品を使ったことはありますか？
(3) 今もっていない場合はなにか問題ありますか？
(4) 一番解決したいことは？
(5) 商品について知りたいことは？
(6) 使うんだったらいつから使うのがいいですか？
(7) いつごろからこの問題に気づいていたのですか？
(8) この問題を解決したら、どんな風になれると思いますか？
(9) 自分がこれを使うことによってどんな効果を期待しますか？（わくわくする理由は）
(10) この効果を自分はいつごろまでに欲しいですか？
(11) ご予算はありますか？（まるつけ）

これ以外にもたくさんありますが、

- ●お客さんの聞きたいことを明確にすること
- ●お客さんのわくわくする効果を理解すること
- ●お客さんの現状を知ること

などは、営業マンにとってプレゼンテーションの前に知るべきことです。

注意点はふたつあります。

これらの質問を一方的に聞くのではなく、これらを材料やきっかけにして話をもっともっと膨らませるのが、実はリサーチの最大の目的だということを忘れないでください。

例外として、もう欲しくてたまらない説明不要のお客さんにはリサーチを省く必要がありますので状況によって判断してくださいね。

▼YESかNOを決める！　商品説明の前のフロントトーク

リサーチの段階でせっかくいろいろと聞きました。でもまたあせって早速パンフレットを出そうとしていませんか？　まだまだですよ。ちょっと早いです。まだ商品説明はしてはいけません。その前にやることがあります。そしてこの作業は「ＹＥＳかＮＯを決定する大きな要因になる」のです。

この作業ですが、人から見れば単なる雑談、見方を変えればコミュニケーション。でも本当は即決クロージング、つまり一切商品の説明なしにお客さんの決断をうながす作業なのです（もしくは本当に前向きに検討する姿勢作り）。

それが今回学ぶフロントトークです。

自分の売りたい商品の説明は一方的にくどくどと長くないほうがいい。

もちろん、営業マンはたくさん学んでいるから「もっともっと話したい、もっともっと言いたい」だろうけどたくさん話す営業マンの中でコンスタントに成績のいい人ってあまりいないし、いたとしてもよほど個性の強いタイプだけなんです。うるさいでしょう？　売りつけられそうでしょう？　だから熱意たっぷりの営業マンがいいとは限らないのですよね。

商品説明の前のフロントトークでやるべきことを以下に示します。

①「お客さんが解決したい問題点」を（リサーチで聞いた内容に基づいて再確認）あなたの持っている商品こそがその問題を「解決」できることを明確にする

②お客さんの不安な点を整理しておく（お金、時間、その他）

③過去の話、過去の失敗や後悔していることがないか？　を聞く
それを理解してよく似た事例をお話しする
④未来の話、わくわくとびくびくの話をする
こうなったらすごくいいですね（わくわく）
これ以上こうならないように解決していきたいですね。ますます心配ですよね（びくびく）
⑤④がいつまでに実現したらいいのかを聞く

そして最後に、

「もちろんご予算も内容も確認していただいて『ああ、これならいいかもな』とお思いになったら導入（やってみて）してみてください。ただし、万が一気に入らない場合は絶対に遠慮なく断ってください。何度も何度もお伺いしてお互いの時間を無駄にしてしまうのがいやなんです。だからはっきり言ってもらったほうがいいんです」

と自分から言うのです。

一番優柔不断になってはいけないのはあなただからです。

私たちもモノを買うとき、「断りにくくなったらいやだな」という理由で一生懸命説明を聞かない場合があります。「断ってもいいんです」と言えればお客さんはとても気が楽になるのです。

お客さんが迷うこと、決められない理由は、たいていお金や契約の話をはじめたクロージングっていう契約交渉のときに出てくるのです。

理由？

「お金」と「時間」「やる気」「ひとの意見」「時期」ですね。

「今じゃなくっても」いいかなってね。

そういっただいたい決まった「NO」は最後に出てくるでしょう？

だから契約やお金の話をする前に「お金（予算がない）が心配」っていうのを先に話してもらうのです。

金額表を見ながらだとアタマがいっぱいになってしまうからです。

そうなるとほんとうにやりたい気持ちとか、いつごろ実現させたいとか、自分や会社が一年後にどうなりたいのかっていうこととか、この問題をいつごろまでに解決したいのかっていうことが一切なくなって、「払えない」「払えない」とパニックになるのです。

▼人が決断できない理由は？

人が決断できない理由は何でしょうか？

恐怖があるからです。それはふたつ。

損失の恐怖。未知への恐怖。

お金も時間も損したくない、はじめてやることだから不安、本当はそれだけなんです。

要は失敗したくないだけ。

失敗しないためにいろんなブレーキをかけてしまう。だから言います。

「使用方法を間違えないかぎり失敗はありません。どうしてかを説明しますので内容がお気に入りになったら取り入れてみてください」と。

「断る」か「買う」か。「悩む」のではないっていうことを暗に提案するのです。買わないんだったら、断ってもらったほうがいい。

どうしてかっていうと、悩んでるっていうことは、「どちらでもない」ということ、自分は断ったわけでもなく買うって決めたわけでもないから、非常にラクなんです。

でも結果的には何もやってないので、結果的にはゼロと一緒なの。それなのに悩んでいる間が有効期間と勘違いしてしまう。

(自分には)まだチャンスがあると思い続けてしまう。その間に時間は刻々と過ぎていってチャンスなんかもうなくなってしまうかもしれないのに。だから、そういう部分で優柔不断になってはいけないはずなんです。

自信をもってください。これは思いやりです。だって失敗するということは、「何もやらないこと」。

だからお客さんに成功してもらうために一歩動いてもらうのです。

これら、そういう意思確認のことをフロントトークと呼んでいます。

Point of
Lesson5

リサーチ

- リサーチの最大の目的は、質問をきっかけにして話をもっと膨らませること
- 「断ってもいいんです」というメッセージをお客さんに伝える
- 人が決断できない理由は、損失の恐怖と未知への恐怖。 要は失敗したくない

↓
↓
↓
↓
↓
↓

Do it right.
Let's try next lesson !

Lesson 6　会社、商品の権威づけ

▼信用してもらうことから「外堀トークの重要性」

商品説明の前に権威づけをします。つまりは肩書きの説明ってこと。

こういうと「肩書きなんて必要ないんだ！　要は中身が大切なんだ！」と思う人もいるかもしれませんね。私もそう思います。ただ肩書きというのは感情や感覚といったようなインスピレーションではなくまさに「事実」。信頼がまだ生まれていない場合は、「事実」を伝えたほうがそうしないよりは信用を掴むのがとても早くなるということです。

私は人生でお見合いというものを経験したことはないですが、よくテレビで、お見合いをもってくるおせっかいで親切なおばさんが写真を見せながら「この人、いいかんじでしょ？　神

奈川の資産家の息子さんで今はお医者さまなのよ」とかならず「肩書き」から伝えます。

もちろんそれがその人を選ぶ材料にはならないのですが「この人ね、何をやっているかわからないのだけどとにかくやさしそうだから会ってみたら？」というよりも事実を伝えやすいのです。会社で人を採用するときも履歴書から判断することが多いです。

どの会社に就職しようかと考えるときも会社の歴史や規模を調べます。

本当はもっともっと肩書きよりも人間性や将来性のほうが大切なのですが、そういうデータを知りたがる人が多いのはやはり「事実」を聞くと安心するからです。

例えば、私がＳＯＮＹに勤務する人であれば、「ＳＯＮＹってご存じですか？」って聞くと、みんなＳＯＮＹはだいたい知ってるので「ああ、ＳＯＮＹか、安心だな」って何の説明もいらないまま信用してもらえるのです。

でも「ペリエってご存じですか？」って聞いたら、「ペリエ？　何の会社？　何を作っているのかな？」って信用されていない。

「創業70年で、明治からある伝統の会社です」って言うと、「しっかりした会社だろう」って思われるし、反対に「実は当社は1週間前に登記を完了した会社ですが信用してください」なんて言うと普通は、「買ってつぶれちゃったらどうしよう」って思います。

だからきちんと信用にあたいする事実を伝えなくちゃいけない。

そんなこと言うと自分の会社は歴史がないから売れないじゃないかって？

大丈夫です。ちゃんと「事実」があるから。

たとえ歴史がなかったとしても、どんな社長がいて、どんな思いで、どういう経緯《いきさつ》で生まれた会社なのか？　ちゃんと創業の思いを伝えたり、会社の歴史は浅いけど社長が長年研究してきたとか、絶対に事実としてちゃんと伝えられる権威づけの要素があるのです。

なぜなら「すべての商品は問題解決のために生まれた」のだから、創業者の思いは存在するはずです。

「安心してください。会社の歴史は浅いですが（こういう人たちが、こういうために作った）歴史は深いのです」っていうことを伝えたいです。

▼歴史を伝えるときのとっておきの具体例

さてもっと具体的に以下に説明します。

健康食品を売っています。数多くの競合の中で後発で販売している会社です。

たくさんある健康食品の業界に素人社長がわざわざ飛び込んだのには理由があるのです。

彼は小さい町のお蕎麦屋さんの主人でした。あるとき悪性のガンだと診断され、お医者さまにも（治る）可能性は低いよって言われたのです。

そのままあきらめたくなかった彼は、ある家庭が健康維持のために先祖代々飲み続けている薬草茶にガンへの効果があると友人に聞き、中国までその家庭を訪ねて行きます。そこでお願いしてその薬草茶をもらい、わらにもすがる思いで飲み続けたのです。

それで、彼は奇跡的に回復したのです。その効果を一人でも多くの悩める人に伝えたいという「思い」から思いきってお蕎麦屋さんをたたみ、その薬草茶をもっと飲みやすくする手法をさらに研究しやっと紹介できるようにしたのです。それがこの「元気ばんざーい茶」なんです。

と、いうのが歴史です。少しかんたんに説明してしまいましたが、そんな風に歴史とか会社が作られた理由、それが「権威」になるのです。

ただし注意しなくていけないのは、その前の過程があってなんとなく相手の方が聞く姿勢になっていないと、これは本当にただのうんちくになってしまうことです。

「それって何の会社ってよく言われるんですよ。〇〇様もご存じなかったくらいですから。名誉挽回のためにちょっとだけ紹介させていただいてもかまいませんか？」と言いながら本当に少しだけお話しするのです。

　あなたがきらきらしてわくわくしながら話すと、「へぇ～」と先方が言ってくるかもしれません。その場合はもう少しだけお話しします。

Point of
Lesson6

会社、商品の権威づけ

- 商品説明の前に権威づけ、つまり肩書きの説明をする
- 自分の意見よりも事実を伝えた方が信用されやすい
- すべての商品は問題解決のために生まれた

But it's true.
Let's try next lesson !

THIRD DAY

THURSDAY

3日目は木曜日
売るための流れをつくる

Lesson 7 プレゼンテーション

▼お客さんがもっている3つの問題点

さて、お待たせいたしました。

で、ですね、やっとここからが商品説明（プレゼンテーション）です。

ここまできてすでにいろいろな質問を重ね、お客さんの問題点や要望を聞いてきました。また権威づけをして信頼をもらいました。

さらにそういった会話は、何よりもお客さんとのコミュニケーションになって、さらにちょっとは最初よりも仲良くなってきているのです。メインディッシュの前にきちんとオードブルとスープをいただいた感じです。

だからこれから話す、本当にあなたが伝えたいことが浸透しやすいのです。

こうしてある程度はお客さんの問題点が明確にわかっているとどうなるか？

「お客さまは今後こうなりたいんですね？」と確認できます。

「いままでお困りだったのはこういうことですよね？」と問題を明確にできます。

そこで「実は『こちらの商品は』そういう問題を解決できる商品なんです！」とわくわくしながら言うのです。

お客さんはもっと聞きたくなります。

「えっ？　どうして？」という風に聞きたくなってくるのです。

そうやって「どうやってその問題を解決できるようになったか」という流れで商品説明するのです。

それでお客さんがもっている問題点を、

1　いますぐ解決したいのか
2　これから解決したいのか
3　もっとわくわくしたいのか

この3つに基づいてどれにポイントをおくか考えて話してください。

あとはその商品の、例えば使い方とかを具体的に話すとそれがプレゼンテーションになります。いわゆるメインディシュ。

さてここで注意事項があります。

商品の説明をするときに、「いいですよ、いいですよ」と（ただ）言うのは絶対にNGです。もっともっとお客さんの右脳にイメージがむくむくするように「こーんな風にいいんですよ」とか、具体的に「なんでいいのか」を「イメージアップ」してもらうことなんです。

要するに（商品の）「スガタカタチ」を見せるんじゃなくって、お客さんの頭（右脳）に映像をイメージングしてもらえるように説明することが本物のプレゼンテーションです。

▼具体的お化粧品の事例

具体的に説明します。

お化粧品の場合です。

「このクリームですがこれはこんな風にフタを開けて、右に回すのです。ほら、ね？　わかります？　本当にいいにおいですね。それでそれをこうとって、手のひらに……そうですね、小豆大の大きさくらいです。それで……」

という風に自分が使うところがイメージできる説明。それがプレゼンテーションです。実際に目の前に商品がない場合でもそれをイメージしやすい説明をするのです。だから難しい言葉を使っちゃいけません。

難しい言葉は日常（生活）ではあまり使わないからピンとこないのですね。日経新聞を読んでいて「うわーおいしそう、よだれが……」とか「すごい事故だ。気持ち悪くなってきた」とかってイメージできないですよね。新聞は事実を明確に伝えるためにシンプルに、イメージしやすい表現よりも音読みする単語をふんだんに使用する必要があるからです。

でもプレゼンテーションは違うのです。

人が買いたくなくなるのは、全然イメージがわかないから。

だから、こんな風に、とかふわっふわとかね。なんかしっとり、とか……。「誰でもわかる」非常に簡単なシンプルな言葉を使うことで「ふうん、自分はこんな風に使えばいいんだ」ってイメージしてもらってください。

そうすればそこでもう問題解決ができているので納得してもらえるようになるのです。

もう、欲しくなるのです。

▼アプローチブックはわくわくする紙芝居

商品説明をする場合に、アプローチブックというプレゼン資料を作って説明する場合もあります。要は商品のことを説明するための「紙芝居」を作るということです。

商品の説明にもドラマが必要なんだと思ってください。

ドラマには起承転結があって、たいてい主人公が順風満帆に終わるとちょっとつまらないのです。

こんなかんじです。

「ある日太郎君は、学校から歩いて帰る道で茶色の子犬を見つけました。太郎君がうちに連れて帰るとお母さんが喜んでくれました。お父さんも喜んでくれました。子犬は次郎と名づけられ、元気に育ち、やがて大きくなりました。めでたしめでたし」

という物語にはなんか「どきどき」がないんです。

こんな紙芝居にはきっと人が集まってくれないと思うのです。

でもこれならどうでしょうか？

「ある日太郎君は学校から歩いて帰る道で、茶色の子犬を見つけました。太郎君がうちに連れて帰るとお母さんがすごい剣幕で怒りはじめました。お父さんは犬が大嫌いなんだから絶対にだめよ！　と。

太郎くんは泣く泣くもといたところに友達になったばかりのわんこを連れて行きます。

ごめんね、飼ってあげられないんだよ、と言って。

何度も何度も振り返ってそこに置いてきたわんこを見ながら太郎君は思いました。

一度連れて帰ったのにそのままもとに戻すのなら最初から連れて帰らなきゃよかったんだと。

太郎君は泣いて疲れてそのまま寝てしまいました。

ところがです。翌朝になると、なんとわんこがいるのです。

聞くとお父さんが帰ってくる途中でわんこに出会い連れて帰ってきてくれたのです。

でもお父さんは犬が嫌いだとお母さん言ってたんだよ！　と太郎君は言いました。

実はお父さんは、小さい頃飼っていた犬が交通事故で死んでから犬はもう飼わないと決めていたのだそうです。

でも、わんこを見たときにあまりにもそっくりだったので、もう一度犬を飼いたいと思ったのです。

子犬は次郎と名づけられ元気に育ち、やがて大きくなりました。めでたしめでたし」

非常に簡単な物語ですが（創作力なくってすいません）途中に波があるんですよね。

このふたつの物語では、当然後者のほうが聞き手だけでなく話し手も盛り上がることができるんです。

～話す側まで盛り上がる～

これが本当はとっても大切なんですね。

話と話との間に自然に間がとれるようになり、本人もわくわくしてくるからです。

またこの話で使った重要な言葉があります。

それは、「ところが」と「実は」のふたつなんです。

逆転と告白があるとすごく話を聞きたくなるのです。

アプローチブックには太郎君も次郎も出てきません。でも、主人公（商品）や誕生までの紆余曲折があり、「すべての商品は問題解決のために生まれた！」ので商品そのものが悪を退治したヒーローになれるのです。

そして、アプローチブックは基本的に前述の「会社権威づけ」を一番にもってきます。次に問題点とか解決方法。そして事実と理由（解決できた原因や証拠）を付け加えてでき上がりです。

紙芝居をめくるときに観客が「わくわくとかどきどき」して次のページを待つ心理、続きを知りたくなる心理を引き起こすことが一番大切なんです。

私は集中力に欠けるところがあって、人の話を聞いてると眠くなってしまうことがあります。別に内容に興味がないわけではないのに眠くなるのです。

単なる説明になってしまうと中身がどんなに正しくて重要でも、浸透しないことだってあるのです。

そのプレゼンテーションが完璧に仕上がったところで、クロージングです。

Point of Lesson7

プレゼンテーション

- いますぐ解決したいのか
- これから解決したいのか
- もっとわくわくしたいのか

お客さんがもっている問題点をこの３つに基づいて
どれにポイントをおくか考えて話すこと

↓
↓
↓
↓

Take it easy.
Let's try next lesson !

Lesson 8 セミクロージング

▼お金以外で欲しくない理由をなくす

商品説明が終わったらセミクロージングです。クロージングというのは締結を求めることです。たいていの場合は金額の説明をして支払方法などを決定し「よし買おう！」と決断してもらうようにします。

当然のことながらここまでの段階で、お客さんの抱える問題点を明確にし、その解決方法をイメージしやすい方法でお伝えしてきたので、お客さんがこの段階で商品をすごく欲しくなっていないと話になりません。だからいままでの説明が非常に大切なわけです。

人は何かを買うときその代価を支払うわけですが、いざ「お金」というと非常に現実的になってたんに「損したくない」という感情が出てくるのです。

だからここではその「お金」という現実的な問題と「商品やサービスが欲しい」という気持ちを混同してしまうことを避けたほうがいいのです。

〝お金の問題以外で欲しくない理由がない〟ということを確認しないといけないのです。

「○○さん、あとは（問題は）金額だけですよね。いまお金という問題を脇においてみて、それ以外でね、欲しくない理由ってありますか？」

「ありません」

「それではいまから金額の説明をいたしますが……もし、納得のいく金額ならいいですよね？」

こうやって問題点を明確にしておくことでお金以外の問題点をここの段階でなくしておきたいのです。

「お金はいいんですけど時間が……」という断り文句が金額を説明した後で出てくると、お客さん本人の本音は、実は「時間を気にしている」のではなく「購入に対する不安」要素が高いということです。だからいろいろな心配ごとを言ってしまうのです。

そうするとね、「○○さん、時間は作れますよ大丈夫ですよ」とお金なのか時間なのかなにがなんだかわからないけど、とにかく「やれよ、買えよ」って説得されているような気分になってしまいます。

これこそが失敗の応酬話法の連打なのです。

お客さんは自分が何が原因で不安になっているのかわからなくなり、「なんだかしっくりこないし誰かに相談しようかな」と思い、「今回はもう少し考えよう」ってことになるのです。

だからお金の問題とそのほかの問題を明確にわけることが第一のステップです。

▼相場より安く感じてもらう

さて、今度は相場の確認です。

妥当な金額か？

相場より安く、相場よりも価値のある商品であるかをわかってもらう必要があるのです。

例えば、実際にアフリカ出身の「なんとか部族」の人が日本にはじめてやってきてね、「さて〜これから日本に住もう」と思ったときに、家を探したとします。で、彼には相場感覚がないので「家賃10万？　家が買えちゃうよ。それにこんな狭いところが？」って。もうそれはすごーいびっくりしてしまうのです。だから、最初にそのアフリカの人に言わないといけないのです。

「ところで相場はご存じですか？」って。

お客さんにもちゃんと勉強していてもらわないといけないのです。相場を知らないと価値がわからないのです。

「東京は実は10万でも安いのですよ」と相場を教えてあげるのです。

そして相場よりも安く感じてもらえるといいのです。

それが商品によっては他社比較にもなるのです。

▼お客さんは結局値段を気にしている

お客さんは金額をとても気にしています。

もちろん値札がついていれば最初に見ているし、気になれば「これいくら？」と聞いてくる人もいます。

だから、いまから紹介するのはお客さんが値段を知らないという設定です。そして十分に商品の価値が伝わっているという大前提が必要です（この設定は、一部の商品やサービスにしかあてはまりませんが、きっといろいろな商品でも応用できると思います）。

さて、他社比較と相場の確認で一番大切なのは「きっとこれは安い」と思われるより「きっとすごーく高いんじゃないかなぁ？」と思ってもらえるかどうかです。

　これができていないと後が大変なんです。

「安いと期待していたのに思ったよりも高い場合」人はがっかりしてしまいます。

　そこで、そう感じた瞬間にもう一度私たちは、本当にその商品やサービスが必要なのかとか、欲しいのかとか、をスタートに戻って考えてしまうのです。

　いままでのわくわくが急にしぼんでしまう。ジェットコースターで頂上から一気に落ちてしまう感じです。

　ですから営業マンがここでお客さんに「思ったより意外に高いんですね」と思われてしまうということはすごろくゲームで『振り出しに戻る』ことになるのと同じなのです。

　この本の最初からやり直しということなんです。

　しかも、さらに一度テンションの下がったお客さんに再度テンションを上げてもらうのは一番最初に説明したときより数倍も難しいのです。

　反対にお客さんにとっても買ってもらいやすい状態があります。それは「高いと思ったのに意外に安い」場合です。

　１００万くらいはするんだろうなぁと思っていたのに50万くらいだったとき、

「うわー安いんだなぁ、こんなにいいものなのにうれしいなぁ」

だからきちんと商品価値をお金の話の前に伝えて理解してもらってないと売れなくなってしまうのです。

10万くらいと思っていたら50万だった……「すごく高い」

１００万くらいと思っていたら50万だった……「すごく安い」

でも金額は同じ50万なんです。

いかに商品価値を上げて、相場を理解してもらい、金額に含まれる付加価値やサービスを理解してもらうのが大切なのかわかってもらえると思います。

Point of
Lesson8

セミクロージング

- お金以外で欲しくない理由がない、ことを確認すること
- 妥当な金額か？　相場を教えてあげる
- “思っていたより安かった”が大切
- 商品価値を上げて、相場を理解してもらい、付加価値やサービスを理解してもらうこと

↓
↓
↓

Can you understand ?
Let's try next lesson !

Lesson 9 クロージング

▼クロージングはプロポーズと同じ

クロージングというとなんだか「お金の話をして契約に結びつける」という営業側の勝負どころというか、ＮＯを消せとか何が何でもＹＥＳをとれとか……どっちかというと「詰めていく」っていうカンジが強いのです。

強引で押しの強さが必要なイメージもありますよね？

「断れなくさせるという方法」も確かにあるし「お客さんのＮＯを消去法で消していく方法」というやり方もあるし、本当に優柔不断で決断できないお客さんの場合（本当に欲しがっているけど勇気がない）ならそういう方法もぜんぜんＯＫです。

私が考えるクロージングはあくまでも締結です。口約束じゃない、本当に一歩進むことを決断することです。

だから「クロージング」って、なんだか「私の考え方に同意しますか？」と確認してＯＫならサインしてもらうようなものなのです。

これってプロポーズでしょう？　同意するということは「契約書に判を押させる」なんていうこちら側の一方的な「押し」ではないのですよね。

だって、そんなに押しちゃったら逃げるじゃない？　普通は怖いもの。必死で汗だくで言われたら怖い。

だから何度も言いますが、クロージングとは「もうお客さんが、その商品に関してはＹＥＳになっている」っていうことが大前提。

商品に対してＹＥＳになってないのに「契約して」というのは、好きじゃない人に「結婚しよう」って言われるのと同じ。ま、すてきな人ならちょっとはうれしいかもしれないけど、ぜんぜん知らない人に突然「結婚して！」なんて言われたら、

「ちょっと考えます」とか、

「いいですよ。会ったばかりなのに……」と逃げるほうが多いと思うのです。

▼左脳（現実）に落とす前に確認しておくべきこと

お金の話は数字を見て説明したり考えてもらったりすることなので、お金の話の前に、わくわくしてもらっているあいだに「わくわく」と「お金」を切り離してもらいます。

くり返しますが、大切なのでもう一度言います。

「お金以外に問題はないですか？」

要は高いから買えないとか払いたくないから欲しくないとかではなく「無料なら欲しいですか？」という、商品の価値を気に入ってもらっているかの確認なんです。

でも、もちろん「ただ」ではないのです。こうやってお客さんに聞いても「ただ」とは思ってません。

この質問でお客さんに「お金以外で欲しくない理由はない」という認識をもってもらうことが必要なのです。

もう一度プロポーズに例えると、

「結婚とか云々とかではなく、男としてぼくのことは嫌いじゃないですか？」

という感じの質問です（しかし面と向かって「嫌いよ」なんていう人も少ないかもです）。

▼「わくわく」と「お金」を切り離す

欲しいけど、購入までに心の整理が必要な場合もあります。

実際にそこで整理ができてないと、「欲しいんだけど、いますぐに買おうと思っていなかった」とか「急にお金の話をされても」という反応があるのです。

お金っていう数字は左脳です。わくわくのイメージは右脳です。いままでの説明ではイメージするから右脳を使ってきた。で、数字を見るということは、急に左脳に落とされるから……実は現実に戻ってしまうのです。

せっかく未来に飛んで、未来を見て「ああ、こんな風に使おう」とか「こんな風にきれいになろう」とか、わくわくイメージしてきたお客さんが急に現実に戻ってしまうのが数字というか……クロージングなんです。

現実というのは問題ばかり見せるものだから「あ？　やっぱり無理かもしれない」と思うようになるのです。

そうです。現実っていうのは足元。未来ではなくっていまの位置です。だから「あ？　きつ

いかもしれない」って思ってしまうのです。

人が躊躇してしまう大きな要因には「お金」っていうのがすごくあるわけです。

それはお金をもっている人でももっていない人でも人それぞれ。悩む金額が違うだけです。

他のものと比較して「この金額なら夫婦でハワイに行けるかもしれない。ハワイに行っちゃったほうがいいんじゃないか」とか、いろんな比較があって悩むのです。

また比較対照は同じものでもない。

例えばパソコンを買いたいと思っても、他のパソコンと比較するんじゃなくって、パソコンとブランドバッグではどっちがいいかなと、まったく違う種類で比較してしまうのです。内容の価値ではなくお金の価値を考えるから。

だからこそクロージングというのは、
「あなたはこの商品やサービスがもたらしてくれるわくわくが欲しいんですか？」
っていうのを明確にしてあげるのが大切なんです。

▼お客さんの態度に振り回されない

上手《うわて》のお客さんの態度に怖くなって小さくならないこと。「思ったより安いなぁ」と心の中では思っていても顔に出さないお客さんもいます。

お客さんの中には、値引きを楽しみたい人がいるからです。見積もり見て「じゃ、これで」なんてすんなりＹＥＳになりたくないのです。

だからわざと驚くふりをする人だっています。そして営業マンの態度を見て「あっもっと安くなるのかな？」と探っているんです。

どんな金額を見ても、
「えーっ！　すごい高いね」と言ってその後眉間にしわをよせて黙ってしまうお客さん。この

態度には、ちょっとたじたじかもしれません。だから、そんな風に言われると、営業する側があせってしまって、

「あ、すいません。これはとりあえずのなんです。そりゃ高いですよね（苦笑）……後日また見積もりもってきます」

ってびくびくしてしまう。そうなればもう値引くしかない。赤字覚悟でも売りたいのかどうかはあなたの会社しだいですが、値引かないと売れないわけではないのです。

だからこんなお客さんの態度にぶるんぶるんと振り回されないようにしてくださいね。

だって本当は「高い」なんて思ってないんだから。

そんな態度のお客さんにも、「この人欲しいくせにあまのじゃくだなあ」と楽しんでみると、「こんな高いの？　え？」って威圧感たっぷりに言われたって、「この内容ならこの金額でも安いほうですよ」と堂々とできるようになります。

そして「それでも高いっていうんだったら、いいや」って。ときにはさっぱりと「じゃ、仕方ないですね」って見積もりひっこめてもいいんです。

いいや！　ってね、かけひき楽しむのも仕事のうちだから。

▼優柔不断は禁物、いくときは堂々とYes、Noを聞く

高校時代の先輩でKさんという人がいます。

Kさんは面白い関西人です。で、どんなに贔屓目に見ても「かっこいい」タイプではありません。どこから見ても「おもしろい」人です。

大学時代に私はその先輩をよんで、一度だけ合コンをセッティングしたことがあるのです。そこで知り合った京美人のYちゃんとその後つきあうことになって結婚されていまではお子様もいらっしゃるんですが……。なんであんな美人のYちゃんをいとめることができたかっていうとやはり彼にはすばらしいクロージング能力があったからです。

どんなクロージング能力か聞きたいですよね？　それって勇気のクロージング能力なんです。どうやってくどいたのか？　一度聞きたいなあと思っていたんですが、やっと聞くことができたのは、結婚式の日、ゆっくり話せそうになった二次会も終わりにさしかかったとき、

「ね、一回聞こうと思ってたんやけど、一番最初につきあうことになるときなんて言ったの？ほんまびっくりしたんやで、だってな、Yちゃんって最初はそんな乗り気じゃないような気がしてたし、とってもおとなしい人やからそんな急につきあうなんてこと、しやぁらへんと思っ

てたんやもん」。

やっとタキシードのネクタイをゆるめていい感じにお酒を飲まされた先輩は得意になって、「そんなん、俺、言うたもん」と言いました。

「だから何言うたん？」

「内緒やわ、そんなん」

「私のおかげでこの結婚があるようなもんやからおしえてーな」

「お前、恩着せがましいから言わん」

「へん、けち！　もったいなぶったら、つまらんこと言えへんで」

「そや、そんなたいしたことないから言いたくないんや……あんな俺が言うたんは最初のデートの日に……」

「うん、うん」

「白黒はっきりして俺を切ってくれって」

「へっ？」

「だから、つきあってくれって言うやろ」

「うん」

「ほんでな相手は『ちょっと考えたい』とか言うたんや」
「うん、そりゃそやろうな」
「で、俺は『俺は君が考えている間に待つことがつらい。そやから悩むくらいならいま断ってくれ』と言っただけや。つきあうなんて相手がどういう人間かはつきあってみなわからへん。嫌なタイプかどうかは一日一緒のデートでわかるもんや。そやし聞いたいま返事してくれってな。ＹＥＳかＮＯかはいま決めてくれって」

そのセリフを聞いたとき先輩ってなんてかっこいいんだろうと思いました。いままでぜんぜん気がつかなかったけど、こんな勇気のあるいさぎよい言葉はなんだかどーんと背中を押してくれそうで、そのとき「Ｙちゃんやるやん、いい人見つけたな……」ってあらためて実感したのです。

これはとっても大切なことです。

先輩は営業マンじゃないけど、人として勇気のあるクロージングをされていたんです。

▼クロージングは背中を押す親切

「買いますか？　買いませんか？」と聞けない人いますよね？

でも聞かれてはじめて考えるお客さんだっているのです。

断られることばかりを恐れないで勇気をもってお客さんの背中を押すことが思いやりだったりします。そんな「勇気」はやっぱり人生にも営業マンにも必要なんだと思うのです。という私は、優柔不断だからやはり背中を押してもらいたいといつも思っています。

だから誰かの背中を押すことはとても大切で感謝されることだってあるのです。

クロージングは強引な押しつけではなくって背中を押す親切だってことを知っておいてください。

▼金額は最初3つでそのあと2つ

見積もりの金額や商品のお値段がひとつしかないとお客さんは決めにくいです。

人は比較して物を買いたいと言いましたが、セミクロージングの段階では他社比較ですが、実際に「この会社に受注しよう」とか「この商品を買おう」とかある程度思いはじめると、今度はその会社の見積もりを比較したり、その会社にあるいろいろな商品を比べたりしたいのです。

だからお客さんのニーズに合わせてだいたいのところを3つ提案します。松、竹、梅のコースです。

松と梅だけだとお客さんは梅を選ぶほうが多くなります。「最初はとりあえず……」と言って。でも、そこに竹があると真ん中を選びやすいんです。

だから3つの金額を見せて、

「確かに一番いいのは一番高いものですが、最初はあんまり無理をしないで竹か梅でいったほうがいいですね」

と、竹と梅に絞っていきます。

それからお客さんに決断してもらいます。

お客さんが選ぶのです。営業マンが決めるのではありません。

「○○さんだったら竹と梅どっちがいいですか？」


どっちがいいですか？

どっちが自分に合っていますか？

どっちが好きですか？


こう聞いてみてください。選ぶということは一歩進むということなんです。


「こっちがいいです」

「じゃ、これでいきましょう。よろしくお願いします」


それで進むことができます。

進むこと＝決断することです。

▼お客さんが迷いはじめたら、いったん「数字」のほうを閉じる

左脳が働いて現実的になってしまうと言いましたが、お金の話とか契約書の話とか、金額表とか見せながら二人で悩んだりすると、絶対NOになりやすいです。悩みはじめたら閉じたほうがいいです。

何をって？

もちろん金額表です。

見積もりは片づけるかそっとファイルなどにしまいこむ。

そしてお客さんの意識をいったん数字からはずして、将来のイメージに戻してあげてください。そしてまた数字を見せる。この繰り返しなんです。

私もそうです。数字見ると……現実に戻ります。計算機をたたきはじめた瞬間に現実になります。

お客さんでも、夢をもって何かやろうとするときに、ほんとはお金のことを考えないで飛び込めたら最高にいいのです。

結婚のときも、就職のときも「わくわく」だけで条件考えずに飛び込めたらいいなって思い

ませんか？

お金を払うということはお金を使うということなので、その効果をちょっと心配してしまうのです。だからわくわくを戻してあげるために金額表は閉じてしまうのです。

Point of Lesson 9

クロージング

- お客さんの態度に振り回されてはいけない
- 優柔不断は禁物。いくときは堂々とYes、Noを聞く
- お客さんに選んでもらう。人は自分で選んで買いたい
- お客さんが迷いはじめたら、わくわくを戻してあげるためにいったん金額表は閉じる

↓
↓
↓

That's so exciting !
Let's try next lesson !

COLUMN 2

「Different とWrong の違い」

大勢に従えの日本的なやり方の社会の仕組みにうんざりすることもあります。どっちが間違っているか正しいかで「さんせーい」「はんたーい」とやる政治的なやり方です。人って反対されると反発したくなるし、その人に対して反感までもつようになってしまうのではないでしょうか？

私は営業職が大好きで、人に会うのが大好きで、商品の説明をするのが大好きで、何よりも営業やっている人が大好きでこの仕事やってますが、ときに意見が対立して（どちらも口が達者でひかないのです。なんてったって「あーいえばこういう」営業マンですから）最悪の状況になってしまうこともあります。「お前の考え間違っているぞ！」「そんなことない私は正しい、あんたこそ間違っている！」というような夫婦ケンカのようなどっちもひかない状態。恋人でも親でも「父さんは間違っているんだ！」とかっていう感情が出てくることがケンカの原因ですよね？

しかしながら間違っているということと、正しいということの判断基準は何なのかしらって不思議に思うのです。

親や恋人なら「お前が間違ってるんだよ！　あやまれよ！」みたいな感情のぶつかり合いになるのですが、これが相手がお客様や仕事関係の人だったら心の中で「ふん、間違った考えを意固地になってもっている人！」と思ってしまうこともあり、それが結局は信頼関係を崩す原因になってしまうのです。

さんせーい、はんたーいっていう判断基準って、やはり長いものにはまかれろっていうような日本人的気質かもしれません。

私は年上のアメリカ人の部下をもったことがあります。これは彼から教わった「あいつ間違ってんぞ！」っていう感情をうまく処理できる方法で、いやに納得させられました。彼はダニエルという、もう、おもいきりアメリカ人で日本語ぜんぜんできないし、自己主張は激しいし、最初彼が部下になったときは本当に上司のいじめとしか思えませんでした。だって怖かったんです、ホント。

でも、よく話すようになると彼が自己主張するとき決して「WRONG？　あんたが間違っている、俺は正しい」という表現をしないことに気がつきました。

彼はよく「DIFFERENT？　あんたと俺は考え方が違うからどっちも正しい、ただ俺の言い分も理解してくれ」というような言葉を使います。

　大勢に従えの教えよりも、自己主張する教えが強いアメリカの教育のせいなのかわかりませんが、明らかに「間違っている」と「違う」という言葉には大きな意味の違いがあるようで、彼はいつも、相手をせめているのではなく「お互い違う環境で育った違う人間だから考え方も当然違うのだ。けして間違っているのではない。違う考え方を理解できなくても仕方ないこともある。ただ理解できないからといって、それを間違った考えと判断するのはフェアではない」ということをいつも主張し、私に一生懸命説明してくれたのです。

「あんた、間違っているよ！」ってそれから言わなくなったのは彼のおかげです。

だって、違う考え方はいっぱい世の中にあって、自分のものさしではかるとそれは徹底的に間違っているように見えるけどそうではなく、ただ違う人間が違う意見をもっていて、ときにそれは両方が正しいことだってあるってことを教えてもらったのです。

　そう考えると、自分と違う意見をもった人と話すとさらに発展的で新しいアイディアが生まれるチャンスだって見つかるし、気持ちもずいぶんと楽なもんですよ。だって違うもの。年齢や性別や経験や環境が。見てきたことが違うだけで誰も間違ってはいないのです。すべてがそうではないけど、外国では豚食べるのが違法だったり、何人も奥さんもらっていいことになっていたりするから本当に判断基準はそれぞれで「ただ、ただ、違う」ってことになるのです。

違うと間違っているとは大違い!?　感情のある生き物だからこそ感情で動いてしまうのが人間です。

　反論することは一番かんたんです。でも人と自分との違いを認めるともっと楽になれるのです。

FOURTH DAY

FRIDAY

4日目の金曜日
売れた後のフォロー

Lesson 10 コントラクト、バトンナップ

Lesson 11 リテンション（継続）

Lesson 12 リファーラル（紹介をもらう）

Lesson 10 コントラクト、バトンナップ

支払い方法を決定します。

▼「ごまかさないこと」いよいよ契約

私はわりとなんでも伝えたほうがいいと思っているので、契約書の裏面にはわかりにくいことが書いてあることが多いのもできる限り説明します。

クーリングオフとか（営業マンにとって）あまり好ましくない情報も堂々と話します。そのほうが実は心配しなくてもいいからです。

クーリングオフの説明をしたらキャンセルになってしまうんじゃないかと思う人がいますが、逆に説明不足のほうがあとで心配になって「あやしいなぁ」と思われます。だから、お金

の話を絶対にアバウトにしない。

ローンを組んだら、手数料いくらかかりますよ、何パーセントかかりますよと、ものすごく明確にすること。私はきちんとこれらを説明しないことで何度もキャンセルをもらってしまう人を見てきました。

ローン手数料が高いのは仕方ないのです。あなたのここまでの説明が手数料に負けるほうがちょっと問題ありだと思うのです。

▼実は本当の営業活動のすべてはここからはじまります

結婚式のスピーチでよく聞くこと。

「結婚はスタートだ！　ゴールじゃないんだ！」というセリフに全部つまっています。

結婚までの経過もすごく大切だけど、これからそのパートナーとどんな生活を一緒にしていくかのほうがもっと大切だってことです。

就職が決まってばんざーいではなく、これからどんな仕事をしていくかのほうがもっと大切だってことです。だからスタートなんです。

▼契約直後の「ほっ」としたうれしさ

お客さんが契約書の記入や署名や捺印を終えたり、一部入金などやっと申し込みが済んだりしたときや待っていた発注依頼書が届いたときの、あの「ほっ」としたうれしさを感じたことはありませんか？

契約に記入するということは意思決定の確認です。ビジネスにおいて「単なる口約束」は通用しないからきちんと形に残すのが営業です。

「あのお客さん、欲しいから買うって言っていました」という報告を受けても上司は契約書を見るまで実感がわかないし人の口約束は杓子定規なお愛想ってことも大いに考えられるのです。だから形に残す。それが契約（コントラクト）です。

だからその部分、契約にいたるまでは、やはり営業マンはちょっとはもしくはすごくプレッシャーを感じていて、明確なＹＥＳが見えるまでは安心できていないのです。

ところがです。前述のように契約が終わって、なんだかほっとしてしまう気持ちってわかります。私も新人の頃（私も数字が出てくると自信も出てきて自信過剰になった時期がありました。すいません）契約がとれればそれでいいんだ！　という思い上がりが少々あり、お客さんも私もお互いが継続した関係をもてなくなったという大きな後悔があります。

お客さんに言いますよね？

「これからもよろしくお願いします！」とか「さぁこれからが楽しみですね！」とか。

そう言いながらも気になるのは契約がちゃんと進むかどうかとか、書いている途中で「あれ？　よく考えると利息高くない？」とか、言われないでそのまま安全に記入が終わることばかりに気をとられてしまうのです。

▼言葉が一番うわっつらになりやすいのが実は契約直後

ですから、言葉が一番うわっつらになりやすいのが実は契約直後ということになるのです。

その上、ほっとしているし、早く報告もしたいし、何よりもほっとしているのでうれしさというか安堵感というかがむくむくわいてきて、もう家に帰って好きなテレビ見てごろんとなりたい気持ちになってしまいます。

もしくは「お祝い」に、ぱーっと飲みに行きたくなってしまう人もいるのです。

これは危険なんです。

今まで築き上げてきた信用もあっという間に不信に変化する可能性があるのです。

信用を積み重ねるのは時間がかかるけど信用をなくしてしまうのは一瞬だからです。悪気はなくっても、あまりにも「ほっと」しすぎてしまって急にせかしたり、なんだかそっけなく見えてしまうこともあるんですよ。契約をとるまでは熱心で契約書を書きはじめたとたんに事務的になる人だっています。

▼2通りの契約直後の気持ち

何かを申し込んだり、買ったりしたとき、その直後はどんな風になりますか？

自分がお客さんになったときを思い出してイメージしてみてください。

2通りあります。

「いい買い物したんだよな。ちょっと高かったけどきっともともとれるし、前から欲しかったんだから今買ってよかったんだよね。いいきっかけになったし」

と自分に言い聞かせる人。

「大丈夫かな？　急いで決めてしまったけどもうちょっと考えたほうがよかったかなぁ？　ほかももっと見て勉強してから買ってもよかったかもな。営業マンのいいように手中にはまったかな？」

と不安になってくる人です。

だからもし自分が前者の場合は、「よっしゃこれからもがんばってください！　じゃぁ！」ですむかもしれません。

ただ、大半の方は後者のほうが（日本人は）多いと言われているのでいまその人の起こしたアクションを「いいこと」とか「よかったこと」としてもっと自信をもってもらうことが必要なんです。

「本当にいい決断されましたね。よかったですね」

と言ってもらって安心するのです。

でもこのひとことでは足りません。もっともっと、もっともっと、言って欲しい人だっています。

「本当に大丈夫ですか？　これでいいのでしょうか？」とお客さんが聞いてくるかもしれません。

「大丈夫ですよ」とあなたは答えます。でもお客さんはまだ不安そうで「本当に払っていけますでしょうか？」とさらに聞いてくるかもしれません。さらにあなたは「大丈夫ですよ」と言います。

「本当ですか？」

「本当です。大丈夫です」

「本当？」

「本当です」

こんな風に、何度も何度も、大丈夫ですよと言って欲しい人だっているのです。

▼かけ忘れたボタンをかけなおすバトンナップ

私はいつもかなり自信満々に見えるだろうし、経歴とかで判断すると「すすめー！」と言われて悩むことなく進んできたように思えるかもしれませんが実のところはかなり重症の自信なさ子です。


自分が経験したことのない分野の物事に対して、

「大丈夫かなぁ？　これ買ってもいいかなぁ」とか、

「大丈夫かなぁ？　こんな簡単にYESと言ってよかったかなぁ？」とか、

「大丈夫かなぁ？　もっと比較すればよかったかなぁ？」とか、
そんなときいつも「和田さん、大丈夫ですよ。いい決断されて運がいいですね」とか言われるともうすごく安心するのです。だからもしかしたらもっともっと安心できる言葉を待っている人がたくさんいるかもしれません。


で、バトンナップって何？

バトンナップとは「button up」という意味です。ボタンをかけなおすことを意味します。

もう一回、どこかひとつでもかけ忘れたボタンがないかを探しかけなおすのです。

▼テンションがさめるころの横ネガ

決断した直後、お客さんだって一番高いところのテンションにいることが多いのです。

だからってお客さんは一番高いところにずっといてくれません。かならず冷静になって考えるときがあります。そのときに営業側とのパイプがまだまだ確立されていないと、

「やっぱり……よく考えたんだけど今は時期が悪いからちょっと延期してもいい？」とか、

「家内に反対されまして……今回は……」とか、
まぁ、法人でも個人でもなんか急に変貌してしまうお客さんっているのです。

で、なんででしょうか？

なんでそうなってしまうのでしょうか？


「横ネガ」（注：横から入ってくるネガティブな声）というものがあります。

お客さんの周りの人の意見に影響されてしまったことです。私は横からはいってくるネガティブなフィーリングなので横ネガと言っています。


今度はその商品を知らない人、あなたの説明を聞いてない人、あなたと一度も会ったこともない人が決断したお客さんに言うんです。

「それ、本当に大丈夫なの？」

「もっとよく考えてみたら？」

「うまいこと言われてだまされたんじゃないの？」

とか、そう言われてそろそろテンションがさがってきていた頃になんだか「それもそうだな」とか思ってしまい不安になってしまうのです。

「その人と結婚しても大丈夫？」

「そんな夢みたいなこと言って大丈夫？」

「そんな経費の使い方無駄ですよ」

「いまじゃなくってもいいんじゃないの？」

いろいろな横ネガがあります。そんな横ネガが存在すること、またその横ネガを言う人を、あなた自身が知らない人だということを前もって認識しておくことです。そういうことを言われるかもしれません……と。時にはガードしておくこともやっぱり人によっては必要なときもあるのです。

▼購入後のイメージアップが重要

買ったけど、申し込んだけど、

いったいこれからどうなるの？

いったい何からやればいいの？

工事はいつよ？

品物届いてからどうするの？

いつごろに何が起こるの？


購入後のイメージは、より具体的により鮮明にして説明したほうがいいと思います。

何かを買って箱が届いたら……どんな箱が届き、中に何がはいっていて、どうやって取り出し、どうやって電源を入れてということを、いま目の前にその商品があたかもあるかのように説明してあげてください。それから毎日その商品とどうやって過ごすのか、そんな些細なことまで一緒にイメージしながら、もっともっとわくわくしてみてください。

すごくわくわくしてきます。お客さんもあなたもすごくわくわくするのです。

そうやってイメージアップしていればもうお客さんは前に進んでいます。


契約直後がスタートラインってことをいま一度覚えておいてください。

Point of Lesson 10

コントラクト、バトンナップ

- 本当の営業活動はすべてここからはじまる
- 契約直後は、言葉が一番うわっつらになりやすいので気をつける
- テンションがさめるころの横ネガに気をつける
- 購入後のイメージを、具体的により鮮明に説明する

↓
↓
↓

Don't be afraid !
Let's try next lesson !

Lesson 11 リテンション（継続）

▼継続しない事業は事業ではない

ブリタニカのとき、ボスがよく言ってました。「継続しない事業は事業ではない」と。「1人のお客さんが何度もお金を落としてくれるようにならないと本物じゃぁない」と何度も何度も繰り返して言われ続けました。

法人営業であっても個人向けであっても、同じ会社や同じ人が何度も買ってくれるように、注文をくださってはじめて本当に売れる営業マンになれるんだよと。それは本当であって、契約後にいままで伝えた「わくわく」が本物になるようにフォローアップしていくことがリテンション（継続）につながるのです。

お客さんの「わくわく」は商品やサービスを購入し、それを使ってみたり食べてみたりしながら「あ、これにしてよかった」とか「注文して正解だった」とか身体で実感できる効果がわかってからはじめて実感、実現するのです。ここがない商売はやはり継続できないビジネスってことです。

例えば安い買い物をしたと思っていたセーターが、一度の洗濯で〝つんつるてん〟に縮んでしまって着れなくなれば高い買い物をしたと思うのです。

反対に高価な物を買っても、それを5年も10年にもわたって使い続けることができれば、十分な満足感を得ることができたということなんです。

それなのに多くの営業マンは契約をゴールのように思っていて「あー終わったよ、やっと（契約が）とれたよ」と、ほぉっとしてしまうのです。

そうすれば？　次ですよね。

もう、意識は次の契約だからそれ以上のサービスをそのお客さんに提供する余裕もなく、次の契約をとるべく後ろも見ないで行ってしまう。

こんな営業マンに私も何度も遭遇しました。保険にはいるときは優しかったのに加入後何年も連絡がない営業マンとか、貸しイベント会場が終わるまでは親身になってくれた担当の方もイベントが終わるとメールのお返事もくれないのです。やはり寂しいのです。

▼契約後こそお客さんを気にかける

そうは言っても新規をとることが一番大切だと言われてしまう営業マンとしては、

「そんなこと無理だよ。新規をとるので忙しくってフォローの時間がないんだよ……」

と、抗議したくなるかもしれません。

それはそうだと思うのです。

実は私は私生活においても友人には滅多に電話もしない人なんです。そう、「決してまめまめ君」ではないっていうことです。だからそもそもお客さんにお電話とかもあんまりできなかったのです。

ある日、お客さんから電話がありました。

「和田さん、あれからぜんぜん会ってないけど、こういうのってだめだと思うよ。ちゃんと気にかけていてよ」

突然そう言われてとても反省しました。

そう言われてはじめて気がついたのです（とてもアホですが……）。

営業職は新規ばかりで大変です。契約になったお客さんにかまっていることが難しくなるのは当然です。私は素直に言いました。

「ごめんなさい。あんまりまめなほうでないんです。ついついいつものように行動していました」

それからは、フォローをする手順を覚えておいて契約後にお送りする文面も前もって準備しておきました。きちんとシステムにすればいいとようやくわかったのです。

まず契約書の発送、そして保証確認、感謝の手紙、商品の使い方説明、お客様の今後のスケジュール。

お客さんは人間です。人間も定期的なメンテナンスをしなくてはいけないということです。定期的なメンテナンスが必要なのはお客さんの状態が、契約時の状態と数ヶ月後の状況がぜんぜん違うということもあるからです。

もっと言うと法人営業の場合は各部署で意見が合わないとかちょっともめてしまっているとか、いろいろな問題もあります。そんなことも理解しておくと今後つきあいやすくなります。

このように相談相手になることも必要です。

▼満足が得られないお客さんには誠心誠意つきあう

本当のフォローというのはお客さんに、約束した通りの効果がまさしく「実感」できたときに必要になります。それでも万が一効果を感じることができないお客さんが発生する可能性だってあります。

信じて買ったのにその効果が出てこない、感じられないという事態は本当に会社の大きな問題ですが……。

これは一大事です。もしかしたら会社の未来にさえ影響してしまいます。きちんと原因を調べてしっかり対応しなくてはいけません。

でも、相手が間違っている場合があります。使い方を間違っているような場合です。たとえ相手が間違っていても丁寧に応対してください。使い方のわかりにくいパンフレットが悪かっただけかもしれませんが、とりあえず謝ってから、すごろくゲームのように振り出しに戻ります。一緒に戻ります。誠心誠意心をこめて原因を探すのです。

お客さんの問題によっては大きな問題ではないと営業が判断してしまうようなこともあります。例えば……ちょっとエアコンの音が気になるとか……時間が変更になったとか……。

けれどお客さんの問題に大きいとか小さいとかはありません。本人が気になる問題は本人なりの理由があるので差別してはいけないのです。

とにかくその小さな不満に対して誠心誠意つきあうこと。

この誠心誠意つきあうことができれば必ず大きな人気を得ることができるのです。

ずっとその人に対する感謝を忘れないでいることが本当に大切なんです。

Point of Lesson 11

リテンション（継続）

- check! 継続しない事業は事業ではない
- check! 契約はゴールではなくスタートである
- check! お客さんは人間。定期的なメンテナンスをしなくてはいけない
- check! お客さんの不満に対して誠心誠意つきあうこと

↓
↓
↓

It's so important !
Let's try next lesson !

Lesson 12 リファーラル（紹介をもらう）

▼お客さんがお客さんを連れてくる

営業マンにとって紹介はとてもありがたい。

フォローして信頼関係ができてくればたいていお客さんはお客さんを連れてきてくれます。

そうやってあれだけ大変だったアポイント作りも、一〇分の一くらいの仕事量ですむのです。

だから本当にうれしい。

でもどうやってと思いますよね？

紹介がざくざくくればもう、電話営業も、新規開拓ももっと楽になるはずです。

お客さんはいい会社だなと思うと紹介したくなります。いい会社だなと思うのはやはりアフターフォローがしっかりしていて、営業マンが熱心で、商品やサービスの効果を感じることができたときです。だから、たまに会いに行きます。たまに電話します。何の用事がなくってもいいんです。

面白いことに人はかまってもらっているとあんまりクレームも言いません。

そしてあえて「紹介くださいよ〜」と言わないほうが紹介がもらえると思います。で、お客さんが「いい商品だね、気に入っているよ」と言ってくださったところで堂々と「もし気に入ってくださいましたらまたどなたかご紹介くださいませ」くらいスマートに言います。そのほうがいいと思います。

▼リファーラルが得意な人が本物

普通の営業マンは新規のアポイントをとるために、すべての業務の70%の時間を費やしてしまいます。もちろんこういう時期があるからこそ上司になって部下をもったときに非常に役に立つようになるのです。

しかし、いつもトップクラスの成績を出している営業マンがすべて新規ばかりでやっていると、とてもお休みをとったりする時間もなくなり、超ハードスケジュールになる可能性もあります。

数字は行動量に左右されてしまうからです。

もし、アポイントをとるための70％の動きが契約後のフォローとか、プレゼンテーションの動きに変われば営業マンの数字は飛躍的に上昇するのです。

そして、クロージングアベレージが上がることにより、ストレスがかなり軽減されるのです。

だからこそリファーラルという質のよいアポイントが必要になってくるのです。

でもよく営業マンは言います。

「和田さん、紹介がもらえれば苦労がないのは当たり前。だけどそれが大変だし、なかなかもらえないから新規とるしか仕方ないのですよ」

おかしいですね。

紹介をたくさんもらえる人もいればぜんぜん紹介してもらえない人もいるなんて……。

どうしてなんでしょうか？

ちょっとクロージングのところに戻ってみましょう。

クロージングは結婚みたいなものだって言いました。

契約がすべてのスタートだということです。

購入後の、契約後のお客さんはここからがスタートです。

だからとても期待しています。わくわくしています。

そして期待が大きいほど、その効果がないと非常にがっかりしてしまうのです。

営業側が思いつかないほど深くがっかりしています。

契約後がすべてのスタートというのは、誰と結婚するかよりも、その後二人でどんな生活をしていくかのほうが大切だと言っているのです。

お客さんは契約してから急に連絡が少なくなる営業マンにちょっとがっかりしています。

そんな時、久しぶりの電話に出ると、

「誰か紹介してください」

と言われる。

「なんだよ、久しぶりにかけてきたと思ったら自分の数字に困っているだけなんだ。ふん、紹介なんてするか」

と思ってしまうのです。

お客さんをかまってあげてください。

商品の使い方が合っているか、ちゃんと続けているか、定期的にメンテナンスしてあげてください。

そうするとお客さんは「そうそう××会社の高田さんって人がいるんだけどさぁ」とたくさん紹介してくれるようになるのです。

あと、お客さんにこれだけは言ってください。

「よい商品やサービスにめぐり合ったら絶対に独り占めしないで人に伝えてくださいね。幸せをわけてくださいね」と。

▼書店さんの紹介で市場チャンスが！

私が代理店を任される立場でプロモーションしたときです。

当時アポイントの手法は、やはり書店さんの店頭でのブースキャンペーンでした。

独立するまでは大きな組織のセールスマネージャーだったので、書店はその組織で抱えているところを利用していたんです。

でもいったん独立するとその場所もほんの少ししか使えなくなり、実質すべて自分で新規開拓しなくてはいけないのでした。

書店さんに行っても「そういうのやってないから」とか、すでにほかのグループが参入していたりとなかなか飛び込みでは難しいのです。さらにもういいところはとられてしまっているので、後発でいいキャンペーンスペースを確保するのは大変なことでした。

「このままでは数字も上がらないなぁ」と思い困っていたんです。

でも一軒だけ「ああ、やってもいいよ」という書店さんがありました。

小さな書店さんで、人もまばら、いままで他の組織が参入していなかっただけに期待薄だけど、そこで一生懸命やってみることにしたんです。

ところが、そこの店長さんが、

「ここだとお客さん少ないから難しいでしょう？　○○駅に○○○書店があるから行ってみたら知り合いだから電話しておくよ」

と言ってくれたのです。

すぐアポイントをとって出向くと、ちょっと仏頂面の（本当はいい人）店長さんが、

「いままでこういうキャンペーン全部断ってたんだよ。だけど○○さんがどうしてもやらせてあげてと言うからなぁ」

としぶしぶブース使用許可にサインしてくださったんです。

そんなかんじで私の担当できるエリアはほとんどが紹介でどんどん増えていったのです。

新規で飛び込みをやるのとでは比べものにならないくらい早いスピードでオリジナルのロケーションをもつことができたのは、温かい人たちの紹介のおかげでした。

▼リファーラルを引き起こす

お客さんは本当はさみしいはずです。

なぜってそれはお客さんも人間だからです。

ほっておかれるとすねて浮気をします。

でも気にかけてもらっていると思うだけで「またそこで買いたい」と思います。

さらにもっと営業の担当に対し好意とか感謝が生まれてくると、「喜んでもらいたい」と実はお客さんのほうが勝手に思ってくれるのです。

私の場合はお客さん同士が仲良くなってくれることで、相互にフォローをしてくれるように自然になっていきました。

▼和田ファミリーの出現

実は営業活動においてアポイントの次に大切なのがお客さんのフォローです。しかし、カスタマーサービスなんて当時のフルコミッションの世界にはないので、どうしても新規ばかり追いかけることになってしまいます。

だって新規を追いかけながらフォローするのはなかなか難しいのです。

そこで「先に入会したお客さんに新しいお客さんを紹介してお友達になってもらおう」と思いました。そうやって新しいお客さんが入会するたびに、ベテランになりつつあるお客さんを紹介して仲間を増やしていくことにしたのです。その上、私のお客さんは、「楽しい」気持ちで入会した人か、もともと優柔不断なタイプが多かったので共感しやすかったみたいです。

そのうち古株のメンバー（Kさん、Mくん）が中心となってみんなで飲みに行ったりするようになっていきました。

そんなある日、彼らが私に一枚のチラシを見せてくれました。そこには『和田ファミリー・

ボウリング大会』と書いてあったのです。

「えっ和田ファミリー？」

うれしくて思わず聞き返した私に、

「うん、和田さんを介して入会した人たちの会ってこと」

「うわー、なんか親分になった気分じゃなぁ」

「あっ、そうやってすぐに自惚れるんだから。でもね親分の和田さんは顔出せるときだけでいいからね、僕ら勝手に遊んでるしね」

「なんださみしいなぁ」という感じで和田ファミリーはスタートしました。

そのうちに紹介がどんどん増えました。

新しく紹介された人はこう言います。

「和田ファミリーに入会したいんですけど……もちろん英語もやりたいですが……」

って言ってくれます。もちろんそれはすべての契約のほんの一部ではありますが、それによってどんどんメンバーが増えていったのはいうまでもありません。

こんな風にしてどんどんお客さんが増えていきました。

私はこれをセールスの第3ステージだと言っています。

こうなるまで続けているとなんだかすごく営業は楽になってきます。

それに結局は人に助けられてやってきているということに、もっと感謝できるようになるのです。もっともっともっともっと、人が好きになってしまう仕事だと痛感するのです。

Point of Lesson 12

リファーラル（紹介をもらう）

- お客さんがお客さんを連れてくる状態にする
- アフターフォローがしっかりしていて、営業マンが熱心、商品やサービスの効果を感じるとお客さんが紹介してくれる
- 結局は人に助けられていることに感謝しよう

Can you understand ?
Let's try next lesson !

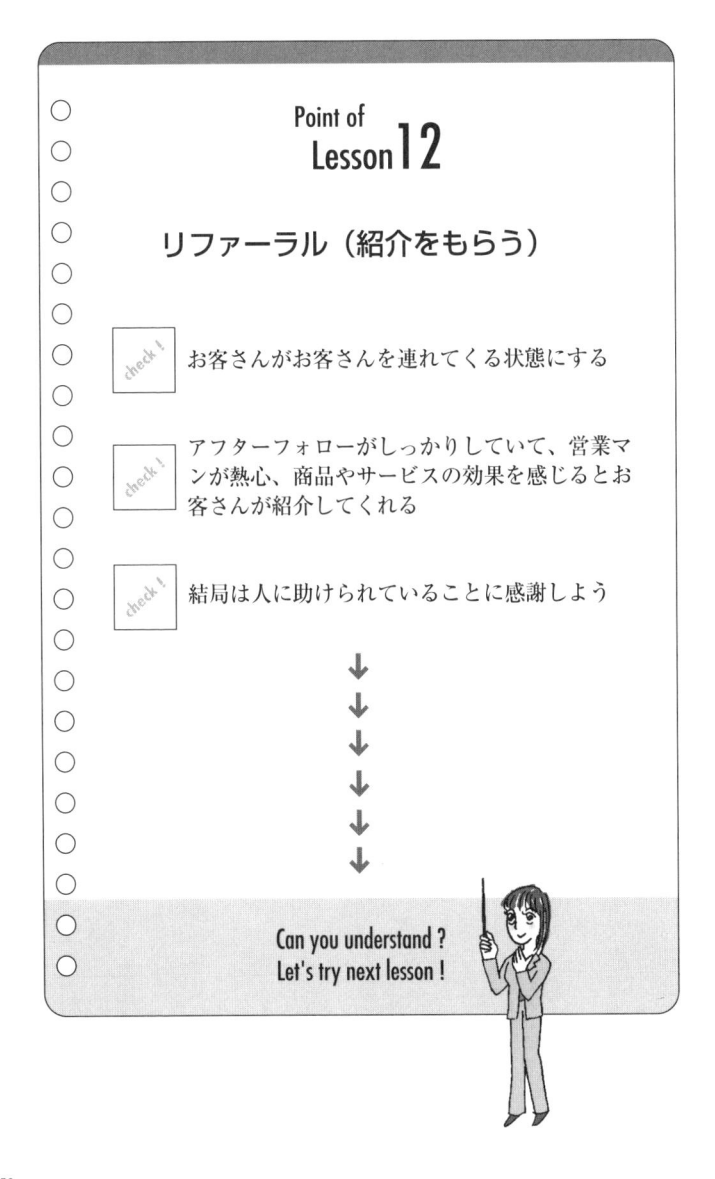

FIFTH DAY

SATURDAY

最終日の土曜日
明日からの営業活動のために

Lesson 13 マーケティング

Lesson 14 インバウンズ、アウトバウンズ

Lesson 15 アクションプランを作ろう！

総集編 うまくなるまでやり続けた
ゲームは面白くなる

Lesson 13 マーケティング

▼いよいよ明日から営業活動

集客についてなら一番最初の日にトレーニングするべきだという人もいます。でもあえて私は最後の日に営業活動の一番最初にやることをもってきました。

明日から営業活動です。

明日からプロの第一歩です。

明日することはまさしく今日学んだことなんです。

もし初日に学んでいたらもうとっくに忘れてしまっていてもう一回ノートを見返すかもしれません。でも、すぐにはできません。一番最初にやることだから、一番最後の締めのトレーニングになるのです。

▼マーケティングも自分でするのです

いままでずっと売り方のトレーニングをしてきましたがそのトレーニングはお客さんがいてこそ活用できます。いまさらって言われそうですがお客さんはいますか？

お客さんがいなければ、どんなにうまいプレゼンテーションしてもまったく売れません。

売り先があってこそ、お客さんがあってこそ、商売が成り立つのです。

でも大丈夫です。いままでさんざんやってきたからわかっているはずです。自分の商品やサービスが、

「どんな人によろこばれるのか？」

「どんな人をわくわくさせるのか？」

「どんな人の問題を解決できるのか？」

もう明確になっているはずです。

誰の、

どんな問題を、
どうやって、
いつまでに解決できそうですか？

ちょっと読むのをやめて考えてください。

さてターゲットがイメージできました。

その人にどうやってコンタクトをとりますか？

電話ですか？

広告ですか？

飛び込みですか？

タイアップですか？

ＰＲですか？

インターネット？

紹介や、イベントという方法もあります。

自営業や独立しようとされている方はマーケティングも営業も自分がやることになるのでこ

こから考えて予算も捻出しなくてはいけません。電話ならリストが必要です。広告なら媒体などを選びます。どんな紙面をイメージするかも考えなくてはいけません。

通常のマーケティングとは（もっとたくさんあるけど）こういうことからはじめます。

▼マーケティングとセールスとサービス

これは販売活動において必要な3つのステージです。

私がブリタニカの本社で営業部長をやっているときは、まさにこの3部署が3つ並んで席がありました。

私の左がマーケティング部。私の右がカスタマーサービス（厳密にいうとエデュケーション部でしたが）部です。私たち3部長は一番の理解者でもありましたがときにはかなり「むっ」としながらもぶつかりあうことも多かったのです。

だから、もう大人気ないけどけんか寸前だったりしました。

「マーケはお客さんの心理がわかってないからだめだ！」

「営業は無理なことばかり言う」

「クレームになるほどスタッフの教育がなってない！」

「あんなポスターじゃ意味がわからない」

そうやってそれぞれの視点でそれぞれのことを言うのです。

しかしこの3つの部こそが実はお客さんを、

●集めて

●売って

●継続してもらう

という販売の流れをつくっているのです。

だからこそ、こうやってもめたり、ぶつかったりしながらでも、同じ思いで進んでいくことが大切で、これらのどれがおろそかになっても「売れない」原因になるのです。

しかしながらこの流れの中で、一番にお客さんにかかわっているのは結局営業スタッフなのでマーケティングの方にもいろいろな要望を取り入れてもらったりして協力してもらいました。

どうやって集客するか、

集客したお客さんにどうやって売るか、

買ったお客さんにどうやってリピーターになってもらうか？

これらの流れをすべて理解していないといけないのは、どうしたってお客さんと接触しやすい営業なんです。

▼目的はひとつアポイントをとること

さて、とは言っても営業職につくと、すでに集客方法は決定している場合も多いです。

私が日本ブリタニカに入社した初日は目の前にバーンと電話リストを積まれました。「これに順番にかけてアポとってね」と。先輩にいとも簡単に言われ、最初はぜんぜんできなくって大変でしたが……。

そんな風にすでに手法が決定していて、電話のかけ方とか、ＤＭ送付後のフォローとか、宣伝後の電話受けとか飛び込みの方法とかいろいろあるわけです。

今回は何かのアプローチ（インターネットやちらしなどの広告による集客）をしたあとに、お客さんのほうから連絡がある場合のインバウンズと、リストからの電話営業や飛び込みなど営業側からのアプローチの場合のアウトバウンズの２つのトレーニングを選んで説明しますね。

Point of Lesson 13

マーケティング

- 目的はひとつ、アポイントをとること
- 誰の、どんな問題を、どうやって、いつまでに解決できるか？
- どうやって集客するか、集客したお客さんにどうやって売るか、買ったお客さんにどうリピーターになってもらうか

↓
↓
↓
↓
↓
↓

It's so simple.
Let's try next lesson !

Lesson 14 インバウンズ、アウトバウンズ

▼インバウンズ（お客さんからの問い合わせを受ける場合）

いろいろな手法で集客し、集まったお客さんがいたとします。そうですね。例えば新聞の折込みちらしだったとします。

どこのエリアに何部折り込むかによっても結果は変わってきますが、そのちらしを見てお客さんが電話をかけてきたときからが営業のお仕事です。この問い合わせの電話を受けることこそが営業マンのはじめの一歩になるのです。

電話が鳴ります。

そのとき誰がその電話に出るのでしょうか？

その前に費用対効果から考えると、その1本のお客さんからの電話がかかってくるまでにいくらのコストがかかっていて、その1本のお客さんからの電話はいくらなんでしょうか？　きっとお値段の高い「コール」です。

元気のない声で電話に出たらお客さんはどう思うでしょうか？

だからインバウンズ（電話受け）はできる限り丁寧に受けるのです。

それぞれのやり方でトークもあるとは思います。ただし基本的にはすべての電話を売り上げにつなげたいのは同じはずです。だからこそ問い合わせのお電話ができる限りアポイントになるように、販売につながるように工夫していきます。用件だけを聞いてくるお客さんにはどうしますか？

電話でいきなり「とりあえず値段だけ教えてよ」と言われたら？　用件だけ聞かれたことだけ話してお名前も聞かないまま切ってしまってもいいのでしょうか？　だめですよね。

また、どんな電話対応だったら商品を注文したくなるのか？

実際に会って話を聞いてもいいかなと思うのか？

私はいつも対応マニュアルを作成するときに、自分がお客さんになったつもりで考えて作成しています。

どんな商品であってもちゃんと最高の対応が作れるのです。

大切なのは結果がアポイントにならなくっても、かけてきてくださったお客さんが最後まで気分がいいまま受話器を置いてくれること。あなたと話したお客さんが「気分よくなる」ことなんです。

それから、もし広告などの反響のお電話の場合は、必ず「どの広告をご覧になりましたか？」ときちんと聞いて、それと同じものを手元に用意してください。同じものを見ながら話さなければうまく説明ができなくなります。

そして、

明るく受ける、

的確に受ける、

それだけです。

明るく的確に!!
ハイ!
ありがとうございます!!

▼アウトバウンズ（積極的アプローチ）

電話のリストから電話をすることほどの苦痛はありませんでした。知らない人に飛び込みするときのストレスははかりしれません。

人生普通に生きてきてまぁ、あんなにたくさんの人から「いらない」とか「うるさい」とか「しつこい」とか断られることってそんなにないのです。営業した人だけが経験する、人からの拒絶。私が営業職の人は成長が早いと言っている理由は、営業職の人はこうやってたくさん拒絶されることが多いからです。打たれるほどに強くなるからです。

もちろんここのステージでたえられなくなって辞めていく人もいます。ここが分かれ道です。

私も最初に電話営業をしたときは辞めようと思いました。

でも「いまここで辞めたら一生電話の仕事が嫌いになってしまうだろうなぁ……どーせならちょっとでもこの仕事の『いいこと』見つけてから辞めよう」と思ったんです。

続けると「いいこと」が見えてきます。「感謝」とか「感動」が大きくなるのです。拒絶のあとの「やさしい出会い」に心から感謝できるようになるのです。

だから「営業には感動がある」とわかった人は、まるでゲームのように楽しんでハートのエースが出てくるのをわくわくしながらどんどんと電話をかけます。

感動は拒絶のあとに必ずやってきます。

あと5分でやってくるよとか約束できないけど確実にやってきます。

「ああ、ちょっとその話聞いてみたいです」とか、

「じゃぁ明日きてください」とか、
いままでの拒絶とはぜんぜん違う人に遭遇します。そうすると拒絶が多かった人は拒絶がぜんぜんない人よりもその温かいお客さんに何倍も感動し感謝してしまうのです。

だから結局は乗り越えた回数が多いほど感動も感謝も大きいのです。お願いです。断られてもいちいち電話を見つめてため息とかつかないでください。落ち込むとハートのエースはまた埋もれてしまうのです。

▼質問には質問で答える

飛び込みにも電話営業にも必要なことは、話し方や歩き方などの情緒能力です。電話ではこう言えばああ言うという応酬話法を教えるところがありますが、強引になったり、相手のNOを覆すことに一生懸命になりすぎたりするので、強引に感じさせてしまうことが多いのです。

だからあまりおすすめしません。電話での基本は「質問には質問で答える」です。

とくに顔が見えないのですから断ることも簡単です。だから相手の土俵に立って、

「どちらさまですか？」（お客さん）

「私は……」

「で、何の御用でしょうか？」（お客さん）

「ですから、」

「あっいいですよ。必要ないですし。ガチャ」（お客さん）

なんていうのはＮＧです。

「誰よ？」

「私……ですが今回○○○のご案内でおかけしましたが担当の方はいらっしゃいますか？」

と質問には質問でかえすこと。会話はもっとスムーズになります。

さて、こうやって見込みのお客さんとできる限りお会いできるようにします。

話し方もトークも、いろいろと工夫して何度も練習してスタートです。

明日からもうスタートできます。

あなた誰？
質問には、質問で！
私○○ですが、
担当の方
いらっしゃいますか？

Point of Lesson 14

インバウンズ、アウトバウンズ

- あなたと話したお客さんが「気分よくなる」ことが大切
- 明るく受ける、的確に受ける、ただそれだけ
- 質問には質問で答えること

Little by little.
Let's try last lesson !

Lesson 15 アクションプランを作ろう！

▼売れる営業活動の3つのステージ

さて、ひと通りの営業活動の流れを理解できたところでまとめます。

実はこれらの活動はすべてファンデーション作りであるプレステージと、実際の活動部分の3つのステージにわかれているのです。

プレステージ

トレーニング1日目は、売れる営業マンとして必要な考え方です。

自分は営業に向かないとか、自信がないのはテクニックがないからだとか、なんか営業が本当は嫌いだったとか、そんな誤解を取り除いて本当に売れるようになるための土台作りです。土台ができたところからは本格的に実践トレーニングです。

しかし、実際の流れでは第1ステージからですが、トレーニングでは、最初に内容の理解をするほうがスムーズであるということと、一番初めにとりかからないといけないアクションについては忘れてしまってはいけないので、トレーニングでは第1ステージが最後の日になっていて内容理解の第2ステージからのスタートです。

よって前後が逆転しています。ごちゃごちゃにならないようにしてください。

第2のステージ

2日目と3日目でセールスの流れ……つまりお客さんにコンタクトをとって商品の説明をするというセクションをトレーニングしました。いわゆるプレゼンテーションから契約までの流れです。

第3のステージ

4日目はカスタマーサービス、つまりはお客さんのフォロー、メンテナンスについてです。

なので、このセクションは大きな会社であればCS（カスタマーサービス）部門が担当する場合もあります。

しかし営業マン自らができる限りフォローした方が、大きな紹介オーダーにつながる可能性があると思っていてください。

第1のステージ

トレーニング最終日、5日目で学ぶのは集客やアポイント作りであっていわゆるマーケティング部門といわれます。ここからがすべてのスタートなので実際にはここでの行動量が結果に影響してきます。

このように簡単にいうと営業活動は、アポイントをとって、プレゼンテーションして、フォローアップするという流れになっているのです。非常にシンプルな流れです。だからあまり難しく考えないでわくわくとりかかって欲しいのです。

売れる営業活動の3つのステージ

プレステージ

売れる営業マンとして必要な考え方

第1のステージ

集客やアポイント作り
マーケティング

第2のステージ

セールスの流れ
お客さんにコンタクトをとって商品説明する

第3のステージ

カスタマーサービス
お客さんのフォロー、メンテナンス

トレーニングメニュー

▼ FIRST DAY
売れる営業の考え方
△Lesson1 売れるようになるための基礎トレーニングは考え方から
△Lesson2 売れ続けているヒミツの頭の中
△Lesson3 お金を稼ぐのが仕事なんだという考えをもつ

▼ FIFTH DAY
明日からの営業活動のために
△Lesson13 マーケティング
△Lesson14 インバウンズ、アウトバウンズ
△Lesson15 アクションプランを作ろう！

▼ SECOND DAY
売れるために知っておくこと
△Lesson4 売れるために必要な3つの能力
△Lesson5 リサーチ
△Lesson6 会社、商品の権威づけ

▼ THIRD DAY
売るための流れをつくる
△Lesson7 プレゼンテーション
△Lesson8 セミクロージング
△Lesson9 クロージング

▼ FOURTH DAY
売れた後のフォロー
△Lesson10 コントラクト、バトンナップ
△Lesson11 リテンション（継続）
△Lesson12 リファーラル（紹介をもらう）

▼アクションプランを作る

さてそうはいっても、

「なんだかやることがたくさんありそうで、いったい何から手をつけていいのかわからないよ〜」と思っている人もいると思うのでやっぱりアクションプランを作っておいたほうがいいと思うのです。


私もやることがいっぱいあって、おまけにやりたいこともいっぱいあって、いつも頭がゴチャゴチャになっていてついつい優先順位を忘れてしまうのです。だから慌てて「あれっ？　明日この講座あるのにテキストがないじゃない!?」と大慌てするのです。


さてアクションプランは、縦軸と横軸があって縦にやるべきこと、横に日程をいれます。

たとえばアポイントをとるために必要なものはなんですか？

リスト？

DM？

ホームページ？

ちらし？
広告？
DMを出すならチラシはある？
リストは用意されている？
広告を出すならどこに出すの？　内容は？　予算は？
問い合わせがきたら郵送で何か資料を送る？
何は用意してある？

電話をかける場合スクリプトは必要？

商品の勉強や他社比較はできている？
資料はある？

訪問されたらリサーチシートはある？
プレゼンテーション用の資料はそろっている？

5月	担当		担当	
1日～		15日～		
DM送付 キャンペーン用 ポスター制作		地域　ターゲット見直し		
		新規契約キャンペーンの ちらし作成		お客様の 声事例集作成
電話営業開始 飛び込み開始 トレーニング3	 全員	TEL受け開始 トレーニング4	K 全員	
過去データ整理				お客様の声収集
新規契約キャンペーン T/K		クレーム/返金などの システム構築 交換		

担当／Nさん／Kさん／Hさん／Aさん／Oさん／Yさん

Action Plan

日程	4月	担当		担当
	1〜10		15〜20	〜30
項目				
マーケティング	競合の資料集め ターゲット決定 DM案 地域調査	各自 N K	リスト集め DM案	N K
SPツール	DM作成 アクションプラン案 アプローチブック案 (MEETING)		リサーチ アクションプラン作成 アプローチブック作成 他者比較ツール	A 全員 全員 H
セールス	トレーニング1	全員	トレーニング2	全員
フォロー	顧客リスト雛形作成Y		バースディカード作成	
インセンティブキャンペーン			新人賞インセンティブ	

契約書は準備されている？
フォローのリスト管理は？
定期的フォローはどの頻度で？

内容もロールプレイングして練習したかどうか？
そういう準備に自信をもっているか？
慌てないですることです。

そしてそれらは、
自分でやるのか？　誰がやる？　担当さんはいるのか？
もアクションプランに記入していきます。

アクションプランは自分のコミットメントです。
アクションをしたらゴールがある。ゴールがあるからスタートがある。

それを見やすく、わかりやすくして自分のゴールを明確にするために用意するのです。

そういうことを順番にスケジュールにいれていくと、もう次の段階で必要なものが何なのかがわかってくるのです。

頭の中ではわかっていても、紙に書き出して整理してあげないとわかっているつもりにすぎないことも多いのです。

それでも「さて何からやればいいのだろうか」と思うならいま、目の前にあるものからとりかかってもいいかもしれません。

Point of Lesson 15

アクションプランを作ろう！

- 営業活動は、アポイントをとって、プレゼンテーションをして、フォローアップするというシンプルな流れになっている

- 縦にやるべきこと、横に日程を入れたアクションプランを作ろう！

- 頭の中ではわかっていても、紙に書き出して整理してあげないとわかっているつもりにすぎない

- 難しく考えない。わくわくとりかかってみよう！

↓
↓
↓

Good luck !
Have a nice day.

総集編

うまくなるまでやり続けたゲームは面白くなる

ここからお会いするシーンに戻ってください。

そうです。アポイントが取れたらＬｅｓｓｏｎ５のリサーチに戻るのです。

営業をはじめたばかりの人であればまだ戻れない人もいます。

私はあまりゲームが好きではありません。

へたくそで、どんなゲームでもすぐに自分のキャラが死んでしまったり、ゲームオーバーになってしまったりするのでぜんぜん面白くないのです。

でも過去に二度ほどはまったゲームがあります。

それはうまくなるまでやり続けたゲームです。

面白くなるまでやることは仕事も同じです。

嫌なこともあります。
悔しいこともあります。
でも楽しくなるまで続けることがプロとしての仕事への取り組み方だと思うのです。

最初からうまくいくと意外にすぐに飽きてしまうのかもしれません。
だから神様が、もっともっと感謝をできる人になれるように、もっともっと乗り越えて強くなれるように、もっともっと続けて楽しめるように、ちょっとしたつまずきを与えてくださることも人生にはあるのです。

ゲームのようにリセットボタンを押してもかまいません。
すぐに再度スタートボタンを押してとりかかっていくのです。
そうやって営業活動してください。

仕事によっても違いますが本当の楽しさを知るようになるためには半年から1年はかかるんじゃないかなと思ってます。

がんばるというよりわくわく楽しく続けていってください。つらさも楽しさも全部自分の成長のための大切な財産です。

「営業って楽しいですね」とそんな言葉が聴けたら私はとってもうれしいです。

営業は深い。

まだまだ学べることがたくさんある世界です。

さぁ、スタートです！

おわりに

「おわりに」だから「おわり」です。

最後までおつきあいくださいまして本当にありがとうございます。

「まぁ、こんなもんか〜」と思った人も、ちょっとは「読んでよかったな〜」と思われる人も、いま読み終わった、読み切ったというひとつのゴールの達成感を味わって欲しいなと思っています。

うん？　本を最後まで読み終えたときって達成感があるのは私だけかなぁ？

私はあまり勉強が好きでないし、頭のスペックも容量が少ないのか、難しい本を読むと（頭が）フリーズします。それでも仕事だとがんばって、研修先様や顧問先様のさまざまな商品の研究などは、それはもう必死でやります。本もデーターも泣きながら勉強しています。

でも、仕事以外で買った本とか、いただいた本とか、期限のないようなそんな場合なんかは、最後まで読むことができないのです。とくにビジネス書類（好きな小説以外です）。

情けないでしょう？　頭悪すぎです。

本は事務所にも自宅にもたくさんあるのですが、それはもう、山になっているのですが、なんか、最初の数ページ、または半分だけ読んだ本がほとんどだったりすることが多くって、すっきりしていないのです。

本の中身が悪いのでは決してありません。だけどとりあえずだめなことが多いのです。

そんな私だから、なにか読み終えることができると私はすっごく感動するのです。


やっぱり私だけでしょうか？


本でなくても、最後まで完走できたマラソンはやっぱり気持ちいいのです。

だからいま、みなさんがこのページであと最後の１ページでゴールだと思うと小さい達成かもしれないけどなんか一緒に感動してしまうのです。


ゴールと言いました。

だからちょっと振り返ってください。

この本書のなかでいった言葉。

「ゴールはスタート」だってこと。

本を読み終えるというゴールは、内容を実践していくスタートなんですよね。


これからは自分がトレーナーです。

できるところだけ、気に入ったところだけ、それでもいいから何でもいいからやってみてください。

自分の体をつかって、声をつかって、自分でやってみて、そうやってはじめてわかることばかりだから。


さようなら、そして、これからもよろしくお願いします。

感謝とお礼

この本を出版するにあたっていつもながらたくさんの人に助けていただきました。

まず、アレンジをしてくださったアップルシード・エージェンシーの鬼塚忠さん、深澤晴彦さん。

そして、締め切りぎりぎりまでのんびりとしている私に、かなりあせりながらも根気よくつきあってくださったPHP研究所の會田広宣さん。

私の内面を理解して、それを最大限に表現してくださったカメラマンの室園淳さんとヘアメイクの中川久美さん。

私のイメージどおりの装丁デザインをしてくれたスタッフの田代優子。

また、膨大な業務に追われても根気よくまじめにとりくんでくれるスタッフの岡朗子、影でしっかりフォローしてくれ支えてくれている、パートナー橋本慎。

みなさんのご協力があって完成しました。本当にありがとうございました。

また、ここに私がまだ生きて存在できるのは、人生の見本になった姉と、娘の暴走を見守る父賢造。そしてこれから私が死ぬまでずっと「がんばれ〜」と、心にダイレクトにエールを送り続けてくれるであろう亡き母寿子、ありがとうございます。


また、本の感想をお送りいただいたみなさん。

メルマガの感想を送ってくださったみなさん。

企業研修や講演で大きな拍手をくださったみなさん。

そして私のセミナーに来てくださった日本各地の皆さんにいつもたくさんの勇気をいただきました。


お礼や感謝という言葉では足りないけど、それだけでは伝えきれないけれど、本という紙面を通して、紙に書かれた文字を通して精一杯伝えたいです。

ありがとうございます。

わがままいうなら
「いつもそばにおいてください」

2004年　桜咲く頃

和田裕美

プロデュース◆アップルシード・エージェンシー
装丁◆perie inc.（田代優子）
本文デザイン◆きゃら
イラスト◆さいだ　まみよ
写真◆室園　淳
ヘアメイク◆中川久美

〈著者紹介〉

和田　裕美（わだ・ひろみ）

京都府生まれ。光華女子大学英文科卒。

英会話学校の事務職をへて91年12月に英語学習プログラムを販売する日本ブリタニカ株式会社に入社。

営業で世界142支社中2位、年収3800万円の個人記録を達成、渋谷区の長者番付にも名を連ねる。

同社で正社員となった後に最年少の営業部長に就任、全国の20支店、100名のスタッフの管理と教育にあたる。

2001年6月に有限会社ペリエ設立、大手から中小企業まで営業コンサルタントとして実績をあげている。

企業研修や一般向けのセミナーも実施している。

著書に『世界No.2セールスウーマンの「売れる営業」に変わる本』（ダイヤモンド社）などがある。

info@perie-net.co.jp
http://www.perie-net.co.jp

営業脳をつくる!

和田式「営業マン特別予備校」5日間トレーニング

2004年５月10日　第１版第１刷発行
2004年11月８日　第１版第10刷発行

著　者　和田裕美
発行者　江口克彦
発行所　ＰＨＰ研究所

東京本部　〒102-8331　千代田区三番町３番地10
ビジネス出版部　☎03-3239-6257
普及一部　☎03-3239-6233
京都本部　〒601-8411　京都市南区西九条北ノ内町11
PHP INTERFACE　http://www.php.co.jp/

ＤＴＰ　有限会社　きゃら
印刷所
製本所　凸版印刷株式会社

ISBN4-569-63650－0